Table des matières

INTRODUCTION

Quelques définitions 2

La relation entre la conscience phonologique
   et l'apprentissage de la lecture 2

Les facteurs efficaces d'un entraînement
   à la conscience phonologique 3

Quelques notions importantes avant d'entreprendre
   un programme d'entraînement à la conscience phonologique 3

Huit bonnes raisons de développer les habiletés
   de conscience phonologique chez les enfants 3

Les préalables aux activités de conscience phonologique 4

1. LA NOTION DE SÉQUENCE
   Activité 1.1   Une histoire en séquences 5

2. LA CONSCIENCE SYLLABIQUE
   Activité 2.1   Le nombre de syllabes 15
   Activité 2.2   La course des syllabes 18
   Activité 2.3   Le jeu de parcours 19
   Activité 2.4   La localisation de la syllabe du début,
                    de la fin et de l'intérieur du mot 21
   Activité 2.5   L'identification de la syllabe dans le mot 47
   Activité 2.6   Le domino des syllabes 54

3. LA CONSCIENCE PHONÉMIQUE
   Activité 3.1   Le jeu des serpents et des échelles 59
   Activité 3.2   Le jeu de bataille 68
   Activité 3.3   Le jeu des rimes 92
   Activité 3.4   La recherche de l'intrus 94
   Activité 3.5   La localisation d'un phonème dans la syllabe
                    d'un mot 99
   Activité 3.6   Le jeu de loto 115
   Activité 3.7   La segmentation de phonèmes dans le mot 116
   Activité 3.8   La segmentation de phonèmes dans un non-mot 129
   Activité 3.9   La fusion de phonèmes pour former un mot 135
   Activité 3.10 Madame Mo 138

L'APPRENTI LECTEUR
ACTIVITÉS DE CONSCIENCE PHONOLOGIQUE

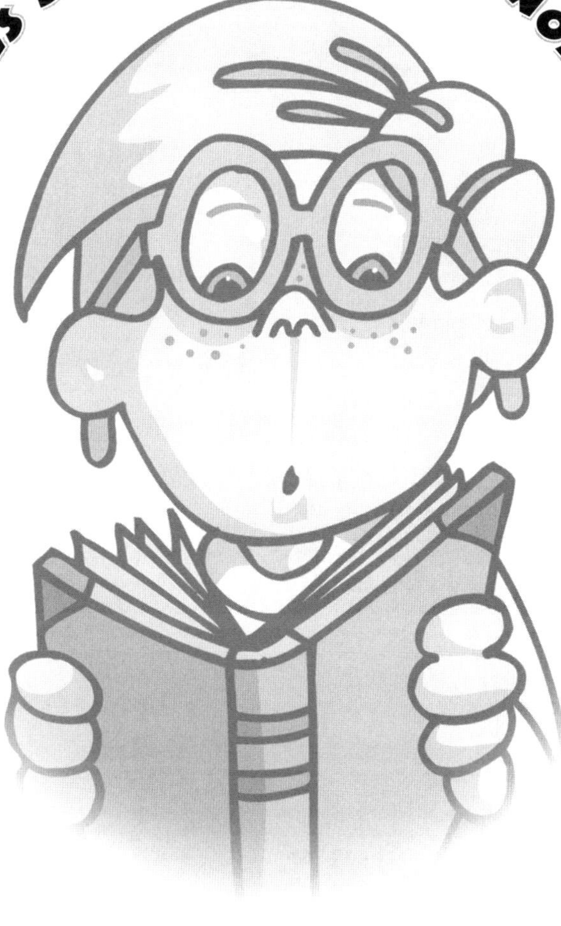

Brigitte Stanké

Illustrations
Sébastien Bordeleau
François Boutet

L'apprenti lecteur
Activités de conscience phonologique

Brigitte Stanké

© 2001 Les Éditions de la Chenelière inc.

Coordination : Dominique Lefort et Lyne Goyette
Révision linguistique : Monique La Grenade
Correction d'épreuves : Ginette Gratton
Infographie : Louise Besner/Point Virgule
Conception graphique et couverture : Josée Bégin

Données de catalogage avant publication (Canada)

Stanké, Brigitte

L'apprenti lecteur : activités de conscience phonologique

ISBN 2-89461-587-6

1. Lecture - Enseignement correctif. 2. Lecture - Méthode phonétique. 3. Éducation préscolaire - Méthodes actives. 4. Enseignement primaire - Méthodes actives. 5. Lecture, Difficultés en. I. Titre.

LB1525.76.S72 2001 372.43 C2001-940085-3

7001, boul. Saint-Laurent
Montréal (Québec)
Canada H2S 3E3
Téléphone : (514) 273-1066
Télécopieur : (514) 276-0324
info@cheneliere.ca

Tous droits réservés.

Toute reproduction, en tout ou en partie, sous quelque forme et par quelque procédé que ce soit, est interdite sans l'autorisation écrite préalable de l'Éditeur. Toutefois, les pages portant la mention « Reproduction autorisée © Les Éditions de la Chenelière inc. » sont reproductibles pour l'usage personnel de l'acheteur ou les besoins de ses élèves seulement.

ISBN 978-2-8946-1587-4

Dépôt légal : 1er trimestre 2001
Bibliothèque nationale du Québec
Bibliothèque nationale du Canada

Imprimé au Canada

8 9 ITM 08 07

L'Éditeur a fait tout ce qui était en son pouvoir pour retrouver les copyrights. On peut lui signaler tout renseignement menant à la correction d'erreurs ou d'omissions.

Nous reconnaissons l'aide financière du gouvernement du Canada par l'entremise du Programme d'aide au développement de l'industrie de l'édition (PADIÉ) pour nos activités d'édition.

Dans ce livre, le masculin a été utilisé dans le but d'alléger le texte. La lectrice et le lecteur verront à interpréter selon le contexte.

Introduction

Cet ouvrage s'adresse aux parents, aux enseignants, aux orthopédagogues et aux orthophonistes qui désirent développer les habiletés de conscience phonologique chez des enfants du préscolaire, du premier cycle du primaire ou des enfants présentant des difficultés d'apprentissage de lecture et d'écriture.

Efficace et pratique, ce livre est un outil de base qui permet d'accroître les habiletés de conscience phonologique, puisque celles-ci sont les préalables essentiels à l'apprentissage de la lecture. En effet, de nombreuses recherches ont démontré qu'un tel entraînement, dans le cadre d'une intervention pédagogique, aboutit à des résultats concrets. Il est particulièrement recommandé auprès d'enfants dyslexiques.

Une série d'activités sont présentées sous forme de jeux ou de fiches illustrées dans le but de maintenir l'intérêt et de soutenir la motivation de l'enfant. En outre, chaque activité propose des moyens pratiques et efficaces d'intervention afin d'aider l'enfant qui aurait des difficultés à atteindre l'objectif recherché.

Chaque activité est conçue de manière à être réalisée individuellement ou en groupe.

Quelques définitions

La syllabe   Une syllabe est un groupe de phonèmes qui découpent naturellement un mot lorsqu'on le prononce. Par exemple, le mot *cadeau* se découpe naturellement en deux unités, soit *ca* et *deau*.

Le phonème   Un phonème constitue la plus petite unité sonore du langage oral. Si on observe la lettre, un phonème correspond au son de celle-ci. Prenons l'exemple de la lettre *f*: le phonème correspond à *ffff* (qui est le son ou le bruit de la lettre) et non à *èf*.

La conscience phonologique   La conscience phonologique (la métaphonologie, le traitement phonologique ou l'analyse séquentielle phonologique) représente les habiletés de réflexion et de manipulation des aspects phonologiques du langage oral. En d'autres termes, posséder de bonnes habiletés phonologiques, c'est être conscient que les mots sont constitués d'unités sonores plus petites qui sont les phonèmes (les sons). Par exemple, le mot *cadeau* se décompose en quatre phonèmes: *k-a-d-o*.

La conscience phonologique concerne les activités de réflexion et de manipulation sur le langage et la langue, par opposition à leur utilisation spontanée dans des activités de communication. Sur le plan de la phonologie, cette réflexion porte sur le fait que le langage est constitué d'une suite d'éléments sonores dépourvus de sens, manipulables et combinables.

Les activités métaphonologiques, contrairement aux activités langagières, doivent être enseignées. Elles ne sont pas accessibles spontanément à partir de l'expérience langagière commune, et leur maîtrise se révèle indispensable pour accéder à l'écrit.

La relation entre la conscience phonologique et l'apprentissage de la lecture

De nombreuses recherches ont démontré que la conscience phonologique joue un rôle majeur dans l'apprentissage de la lecture (le décodage) et de l'écriture. Les enfants ayant un trouble grave d'apprentissage de la lecture présentent une défaillance du traitement phonologique. Les enfants dyslexiques et les mauvais lecteurs ayant un trouble du traitement phonologique ne peuvent accéder à l'apprentissage qui consiste à faire correspondre le graphème et le phonème (la correspondance entre le son et la lettre).

Plusieurs recherches ont aussi démontré qu'un entraînement spécifique aux habiletés phonologiques permet d'améliorer considérablement le traitement phonologique (le décodage et la reconnaissance de mots). Ainsi, une intervention précoce sur le plan de la conscience phonologique des enfants à risque permettrait de prévenir les difficultés d'apprentissage de la lecture. De plus, l'entraînement aux habiletés phonologiques améliorerait également la mémoire verbale de travail (phonologique). Ce type de mémoire est déficitaire chez les enfants ayant un trouble d'apprentissage. Enfin, cet entraînement apporterait des améliorations en orthographe.

Les facteurs efficaces d'un entraînement à la conscience phonologique

Les trois facteurs efficaces d'un entraînement à la conscience phonologique sont la durée de chacune des périodes d'entraînement, la durée de l'ensemble du programme d'entraînement et la nature des tâches mises en œuvre. Plusieurs études ont démontré que, pour être efficace, un tel programme doit être constitué de périodes minimales de 20 minutes, 2 fois par semaine, et ce pendant au moins 10 semaines. Afin d'observer une amélioration de la compréhension de la lecture chez les enfants en difficulté, le programme d'entraînement doit être de 20 heures au minimum. Les tâches ayant permis une amélioration significative des performances en lecture chez les enfants avec ou sans difficultés d'apprentissage sont les tâches de segmentation et de fusion phonémique décrites dans cet ouvrage.

Quelques notions importantes avant d'entreprendre un programme d'entraînement à la conscience phonologique

La progression de la segmentation
- il est plus facile de segmenter un mot en syllabes et ensuite une syllabe en phonèmes.

Les positions des phonèmes dans le mot
- il est plus facile de reconnaître une consonne en début de mot, puis en fin de mot et ensuite à l'intérieur d'un mot.

Les propriétés des phonèmes
- il est plus facile de reconnaître une voyelle qu'une consonne ;
- il est plus facile de reconnaître une consonne continue (dont l'articulation se prolonge, comme le son de la lettre *f* qu'on peut allonger : *fffff*) qu'une consonne brève (comme le son de la lettre *t*) ;
- les voyelles simples (*a, e, i, o, u*) sont plus faciles à reconnaître que les voyelles complexes.

Huit bonnes raisons de développer les habiletés de conscience phonologique chez les enfants

Le développement des habiletés de conscience phonologique permet :
- le dépistage des enfants qui présentent un risque de développer des problèmes d'apprentissage de la lecture ;
- la prévention des difficultés d'apprentissage auprès des enfants à risque grâce à une intervention précoce ;

- l'amélioration des performances en lecture et en écriture des lecteurs normaux ;
- l'amélioration des performances en lecture et en écriture des enfants en difficulté ;
- la prévention du redoublement ;
- l'amélioration de la compréhension en lecture ;
- l'amélioration de la mémoire verbale de travail (phonologique) ;
- l'amélioration de l'orthographe.

Les préalables aux activités de conscience phonologique

L'apprentissage de la lecture et de l'écriture demande à l'enfant des habiletés de traitement séquentiel, tant sur le plan auditif que sur le plan visuo-spatial. Ces habiletés sont des préalables essentiels pour l'apprentissage de la lecture et de l'écriture. Leur maîtrise suppose que l'enfant a saisi la notion de séquence, c'est-à-dire les composantes du temps. L'enfant doit pouvoir comprendre qu'une information séquentielle comporte obligatoirement un *avant* et un *après* et, conséquemment, il doit apprendre à maîtriser les termes relatifs à cette notion, soit les termes *avant* et *après*. L'enfant doit aussi comprendre que cette information peut s'exprimer sur le plan auditif (les histoires entendues, les chansons entendues, les phrases entendues, les mots entendus, etc.) ou sur le plan visuo-spatial (les histoires illustrées ou écrites, les phrases écrites, les mots écrits, etc.). De plus, il doit apprendre à passer aisément du plan auditif au plan visuo-spatial, et inversement, au cours du traitement de l'information. C'est pourquoi il est important de s'assurer que la notion de séquence est bien maîtrisée par l'enfant avant de commencer l'entraînement phonologique.

LA NOTION DE SÉQUENCE

Activité 1.1

Une histoire en séquences

Objectifs visés	• Comprendre la notion de séquence. • Comprendre les termes relatifs à la notion de séquence: *début, fin, première* et *dernière*. • Faire le lien entre la notion de séquence sur le plan visuo-spatial et celle sur le plan auditif.
Matériel	• Six histoires en séquences illustrées à l'aide de quatre images chacune (voir les pages 10 à 13). • Les fiches de l'activité 1.1 sur lesquelles devront être collées les images. • Des ciseaux.
Déroulement de l'activité	• Reproduisez les images et la fiche de l'activité. • Découpez les images. • Sélectionnez d'abord, parmi les quatre images illustrant l'histoire, les trois images qui représentent le mieux le début, le milieu et la fin de l'histoire. • Racontez l'histoire à l'enfant à l'aide des trois images choisies. • Apprenez à l'enfant les termes *début* et *fin, en premier* et *en dernier* ainsi que *avant* et *après* en lui posant des questions (par exemple, Que s'est-il passé *après* que le loup ait soufflé la maison de paille?). • Demandez ensuite à l'enfant de placer les trois images en ordre, dans les espaces réservés à cet effet, de sorte qu'elles respectent l'histoire entendue. • Une fois les trois images ordonnées, demandez à l'enfant de vous montrer celle qui représente le début et celle qui représente la fin de l'histoire. Poursuivez en lui demandant de vous montrer l'image qui représente la fin de l'histoire, puis la première image et enfin la dernière. • Si l'enfant ordonne aisément les trois images de l'histoire, demandez-lui alors de placer la quatrième image au bon endroit.
Remarques	• Il est important que l'enfant ordonne les images dans le sens de la lecture, c'est-à-dire que la première image se situe à gauche et la dernière à droite. • Si l'enfant éprouve des difficultés: – ordonnez les images et racontez l'histoire en faisant le lien entre le début de l'histoire et la première image, et la fin de l'histoire et la dernière image; – demandez ensuite à l'enfant de vous montrer l'image qui représente le début et celle qui représente la fin de l'histoire; – poursuivez en demandant à l'enfant de compléter une histoire dont les images du début et de la fin auront été placées préalablement côte à côte. L'enfant devra trouver l'emplacement pertinent de l'image restante, de sorte que, une fois cette image restante bien placée, l'ensemble des trois images raconte l'histoire; – reprenez ensuite les notions de début et de fin d'histoire.
Liste des histoires en séquences	*Boucles d'or et les trois ours, Le Petit Chaperon rouge, Blanche-Neige et les sept nains, Hansel et Gretel, Le vilain petit canard, Les trois petits cochons.*

L'apprenti lecteur

Fiche de l'activité 1.1

Une histoire en séquences

Boucles d'or et les trois ours

Le Petit Chaperon rouge

Fiche de l'activité 1.1

Une histoire en séquences

Blanche-Neige et les sept nains

Hansel et Gretel

L'apprenti lecteur

Fiche de l'activité 1.1

Une histoire en séquences

Le vilain petit canard

Fiche de l'activité 1.1

Une histoire en séquences

Les trois petits cochons

Illustrations de l'activité 1.1

Une histoire en séquences

Boucles d'or et les trois ours

Le Petit Chaperon rouge

Illustrations de l'activité 1.1

Une histoire en séquences

Blanche-Neige et les sept nains

Hansel et Gretel

L'apprenti lecteur 11

Illustrations de l'activité 1.1

Une histoire en séquences

Le vilain petit canard

Une histoire en séquences

Les trois petits cochons

LA CONSCIENCE SYLLABIQUE

2

Activité 2.1

Le nombre de syllabes

Objectifs visés	• Segmentation syllabique • Permettre à l'enfant de prendre conscience que les mots sont composés de syllabes. • Permettre à l'enfant de prendre conscience de la notion de longueur du mot. • Permettre à l'enfant de faire le lien entre la notion de *début* et de *fin* de mot sur le plan visuo-spatial et sur le plan auditif.
Matériel	• Les images des fiches de l'activité 2.1 (voir les pages 16-17). • Des crayons de couleur.
Déroulement de l'activité	• Reproduisez les images des fiches d'activité. • Demandez à l'enfant de nommer l'image tout en parlant comme un robot. Par exemple, pour le mot *bateau*, il doit dire *ba-teau*. • Demandez à l'enfant de répéter le mot en parlant toujours comme un robot tout en prononçant une syllabe par carré. • Demandez ensuite à l'enfant de colorier autant de carrés qu'il y a de syllabes dans le mot illustré. • Demandez finalement à l'enfant de vous montrer le carré qui représente le début du mot (le premier carré) et celui qui représente la fin du mot (le dernier carré). Exemple 
Remarques	• Le nombre de syllabes se calcule selon la prononciation du mot (par exemple, le mot *pomme* compte une syllabe et non pas deux, car il ne faut pas tenir compte du *e* muet). • Certains enfants éprouvent de la difficulté à faire la correspondance terme à terme. Dans ce cas, faites le même exercice mais, plutôt que d'utiliser du papier et des crayons de couleur, servez-vous de cerceaux : disposez les cerceaux en ligne verticale sur le plancher et demandez à l'enfant de dire le mot comme un robot tout en sautant dans un cerceau chaque fois qu'il prononcera une syllabe.
Liste des mots utilisés	os, baleine, camion, bouton, tapis, pingouin, clous, ciseau, citron, pièce de monnaie, poisson, tipi, fleur, lune, drapeau, botte, écureuil, escargot, abeille, oignon, soleil, marteau, raisins, pirate, cerises, lunettes, tasse, banane, araignée, fourchette, arbre, cœur

L'apprenti lecteur

Fiche de l'activité 2.1

Le nombre de syllabes

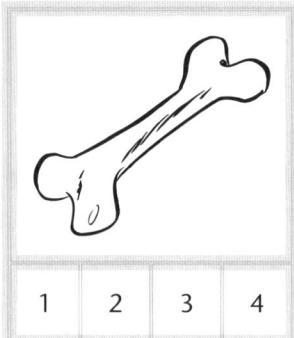

| 1 | 2 | 3 | 4 |

| 1 | 2 | 3 | 4 |

| 1 | 2 | 3 | 4 |

| 1 | 2 | 3 | 4 |

| 1 | 2 | 3 | 4 |

| 1 | 2 | 3 | 4 |

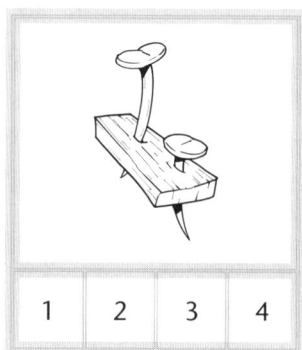

| 1 | 2 | 3 | 4 |

| 1 | 2 | 3 | 4 |

| 1 | 2 | 3 | 4 |

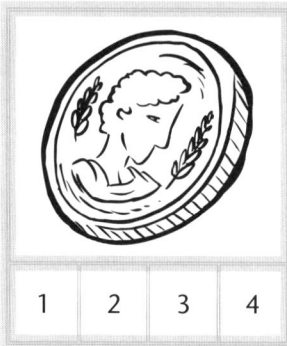

| 1 | 2 | 3 | 4 |

| 1 | 2 | 3 | 4 |

| 1 | 2 | 3 | 4 |

| 1 | 2 | 3 | 4 |

| 1 | 2 | 3 | 4 |

| 1 | 2 | 3 | 4 |

| 1 | 2 | 3 | 4 |

L'apprenti lecteur

Fiche de l'activité 2.1

Le nombre de syllabes

1 2 3 4

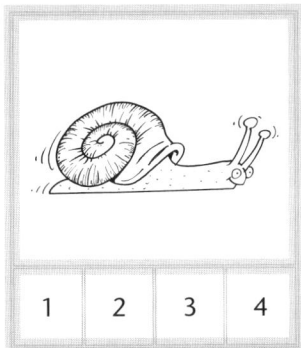
1 2 3 4

1 2 3 4

1 2 3 4

1 2 3 4

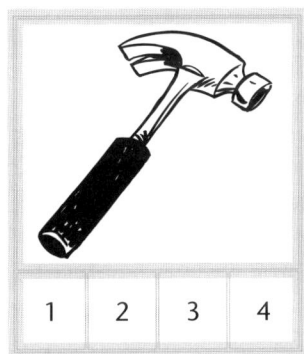
1 2 3 4

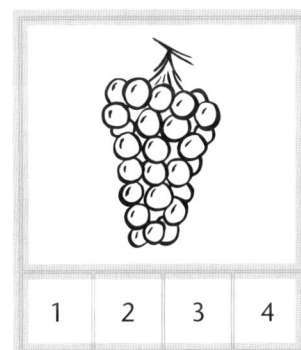
1 2 3 4

1 2 3 4

1 2 3 4

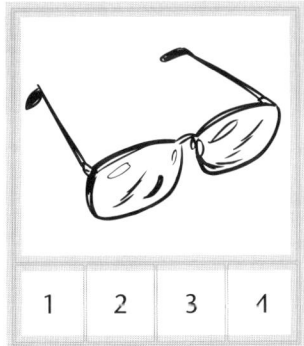
1 2 3 4

1 2 3 4

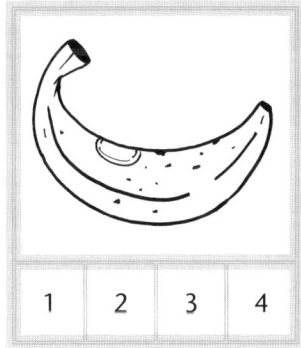
1 2 3 4

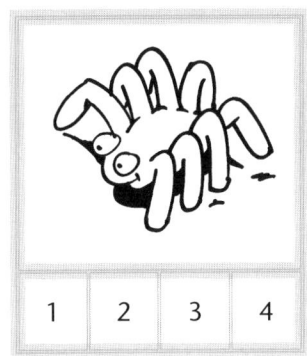
1 2 3 4

1 2 3 4

1 2 3 4

1 2 3 4

L'apprenti lecteur

LA CONSCIENCE SYLLABIQUE

Activité 2.2
La course des syllabes

Objectifs visés	• Segmentation syllabique • Permettre à l'enfant de prendre conscience que les mots sont composés de syllabes. • Permettre à l'enfant de prendre conscience de la notion de longueur du mot. • Permettre à l'enfant de comprendre les notions de *début* et de *fin* de mot sur le plan visuo-spatial et sur le plan auditif.
Matériel	• Huit feuilles de papier fixées au plancher avec du ruban adhésif ou huit cerceaux pour chacun des participants. • Les images des fiches de l'activité 2.1 intitulées *Le nombre de syllabes* (voir les pages 16-17). • Des ciseaux. • Un sac.
Déroulement de l'activité	• Disposez sur le sol des parcours parallèles fabriqués à l'aide soit de cerceaux, soit de feuilles de papier; il y aura autant de parcours qu'il y aura de joueurs. • Reproduisez les images des fiches de l'activité 2.1. • Découpez les images et placez-les dans un sac. • Chaque joueur se place derrière son parcours: à tour de rôle, chacun prend une image dans le sac et avance en sautant sur chaque feuille, autant de fois qu'il y a de syllabes dans le mot. • Le gagnant est celui qui termine son parcours le premier.
Remarque	• Le nombre de syllabes se calcule selon la prononciation du mot (par exemple, le mot *pomme* compte une syllabe et non pas deux, car il ne faut pas tenir compte du *e* muet).

LA CONSCIENCE SYLLABIQUE

Activité 2.3

Le jeu de parcours

Objectifs visés	• Segmentation syllabique
	• Permettre à l'enfant de prendre conscience que les mots sont composés d'unités plus petites appelées syllabes.
	• Permettre à l'enfant de prendre conscience de la notion de longueur du mot en fonction du nombre de syllabes qui composent ce mot.
	• Permettre à l'enfant de prendre conscience que les syllabes sont organisées de façon séquentielle pour former un mot.
	• Permettre à l'enfant de faire le lien entre les notions de *début* et de *fin* de mot sur le plan visuo-spatial et sur le plan auditif.
Matériel	• Les images des fiches de l'activité 2.1 intitulées *Le nombre de syllabes* (voir les pages 16-17).
	• Des ciseaux.
	• Un sac.
	• Un jeu traditionnel des serpents et des échelles.
Déroulement de l'activité	• Reproduisez les images des fiches de l'activité 2.1.
	• Découpez les images et placez-les dans un sac.
	• Le *jeu de parcours* se joue suivant les règles du jeu traditionnel des serpents et des échelles. Toutefois, plutôt que d'utiliser un dé qu'on lance pour déterminer le nombre de cases qu'on peut franchir, utilisez les images dans le sac. À tour de rôle, chaque participant prend une image et avance selon le nombre de cases correspondant au nombre de syllabes du mot illustré.
Remarque	• Le nombre de syllabes se calcule selon la prononciation du mot (par exemple, le mot *pomme* compte une syllabe et non pas deux, car il ne faut pas tenir compte du *e* muet).

LA CONSCIENCE SYLLABIQUE

Activité 2.4

La localisation de la syllabe du début, de la fin et de l'intérieur du mot

Objectifs visés
- Analyse syllabique
- Permettre à l'enfant d'améliorer l'identification et la localisation des syllabes dans le mot.
- Permettre à l'enfant de faire le lien entre la notion de *début* du mot et la notion de *fin* du mot sur le plan auditif et sur le plan visuo-spatial.

Matériel
- Les fiches de l'activité 2.4 et les images de l'activité 2.4 (voir les pages 21 à 44).
- Des ciseaux.
- De la colle.

Déroulement de l'activité
- Reproduisez les fiches et les images de l'activité.
- Découpez les images.
- Prononcez la syllabe cible pour l'enfant.
- Demandez ensuite à l'enfant de coller chaque image dans la case appropriée selon que la syllabe cible se situe au début, à l'intérieur ou à la fin du mot.

*Remarques
- Certaines structures de la langue, tels les groupes consonantiques, sont plus complexes et, par conséquent, plus difficiles à analyser pour les enfants, particulièrement chez ceux qui ont des troubles d'apprentissage. Ainsi, le choix de certains mots a été effectué dans le but de favoriser une meilleure analyse auditive (par exemple, la syllabe *la* du mot *planète*).
- Si l'enfant éprouve de la difficulté à retenir de quel côté se situe le début et la fin sur le plan visuo-spatial, il peut être utile d'employer les symboles suivants :
    Le soleil représente le *début* de la journée ;
    Les traits représentent le *milieu* de la journée ;
    La lune représente la *fin* de la journée.

L'apprenti lecteur

Fiche de l'activité 2.4

La localisation de la syllabe la

la	— la —	la

Liste des 12 mots illustrés lavabo, lacet, lapin, lama, malade, salade, collation, chocolat, koala, matelas, *planète, *flamme

*Voir remarques, page 21

L'apprenti lecteur

Illustrations de l'activité 2.4
La localisation de la syllabe la

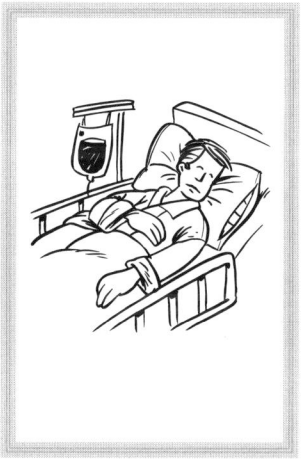

Fiche de l'activité 2.4

La localisation de la syllabe li

| li | — li — | li |

Liste des 12 mots illustrés   libellule, livre, lilas, limonade, policier, hélicoptère, brocoli, colis, collier, lion, *glissoire, *église

*Voir remarques, page 21

L'apprenti lecteur

Illustrations de l'activité 2.4
La localisation de la syllabe li

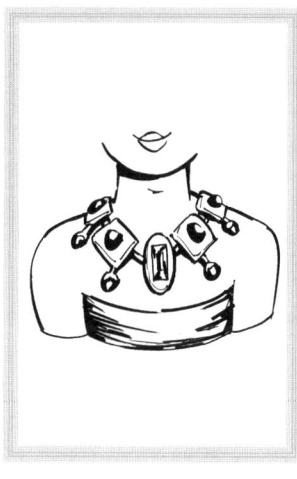

Fiche de l'activité 2.4

La localisation de la syllabe lè

lè	— lè —	lè

Liste des 9 mots illustrés laitue, laitier, balai, palais, poulet, baleine, chalet, *sifflet, *bicyclette

*Voir remarques, page 21

L'apprenti lecteur

Illustrations de l'activité 2.4

La localisation de la syllabe lè

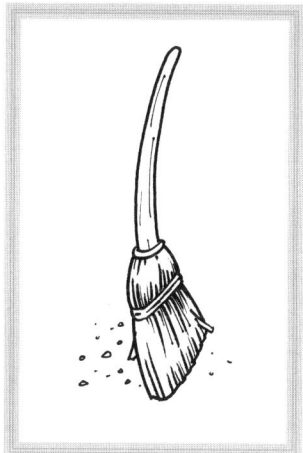

Fiche de l'activité 2.4

La localisation de la syllabe lon

lon	— lon —	lon

Liste des 11 mots illustrés longueur, longue-vue, ballon, pantalon, violon, talon, melon, salon, étalon, *plombier, *plongeon

*Voir remarques, page 21

Illustrations de l'activité 2.4

La localisation de la syllabe lon

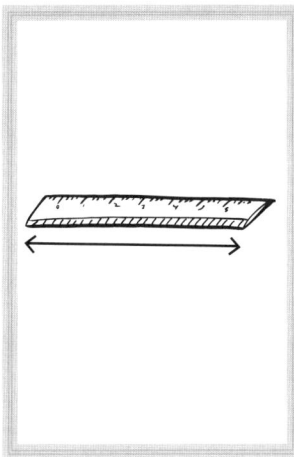
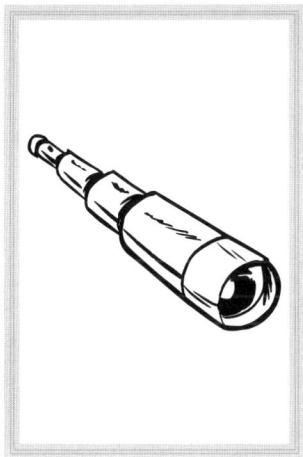

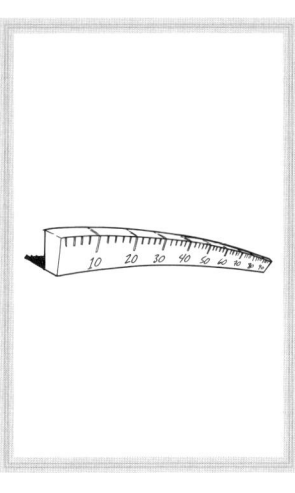

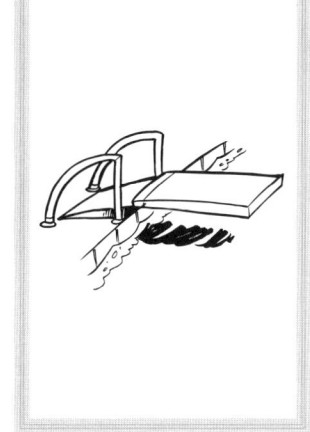

L'apprenti lecteur

Fiche de l'activité 2.4

La localisation de la syllabe lu

Liste des 11 mots illustrés lunette, lumière, lutin, allumettes, libellule, pilules, parapluie, pelure, salut, talus, *plume

*Voir remarques, page 21

Illustrations de l'activité 2.4

La localisation de la syllabe lu

L'apprenti lecteur

Fiche de l'activité 2.4

La localisation de la syllabe ma

ma	— ma —	ma

Liste des 12 mots illustrés marteau, manège, magasin, magie, marionnette, matelas, camarade, pharmacie, pyjama, cinéma, tomate, fromage

Illustrations de l'activité 2.4

La localisation de la syllabe ma

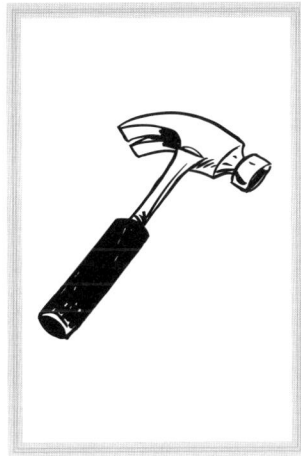

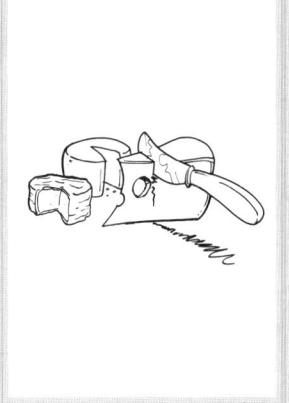

Fiche de l'activité 2.4

La localisation de la syllabe mi

☀ mi	— mi —	mi ☾

Liste des 12 mots illustrés miroir, mille-pattes, mitaine, dominos, cheminée, camisole, fourmi, ami, momie, *camion, marmite, *palmier

*Voir remarques, page 21

Illustrations de l'activité 2.4

La localisation de la syllabe mi

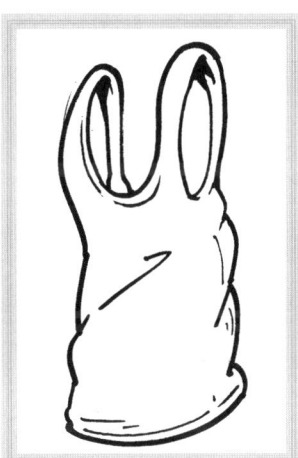

Fiche de l'activité 2.4

La localisation de la syllabe mo

☼ mo	— mo —	mo ☾

Liste des 12 mots illustrés moto, momie, mobylette, motoneige, mobile, locomotive, automobile, thermomètre, harmonica, chameau, jumeaux, plumeau

Illustrations de l'activité 2.4

La localisation de la syllabe mo

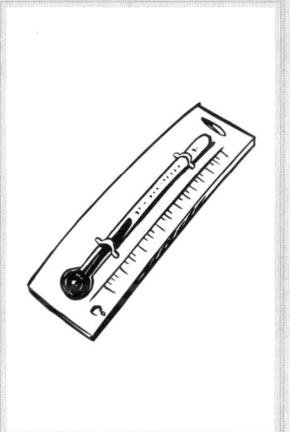
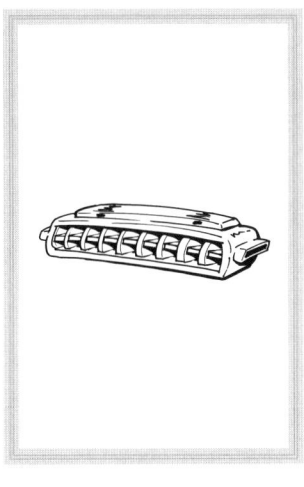

L'apprenti lecteur

Fiche de l'activité 2.4

La localisation de la syllabe mou

Liste des 11 mots illustrés mouton, moulin, mouffette, mouchoir, moustique, moutarde, moustache, remous, amour, pamplemousse, frimousse

L'apprenti lecteur

Illustrations de l'activité 2.4

La localisation de la syllabe mou

Fiche de l'activité 2.4

La localisation de la syllabe ra

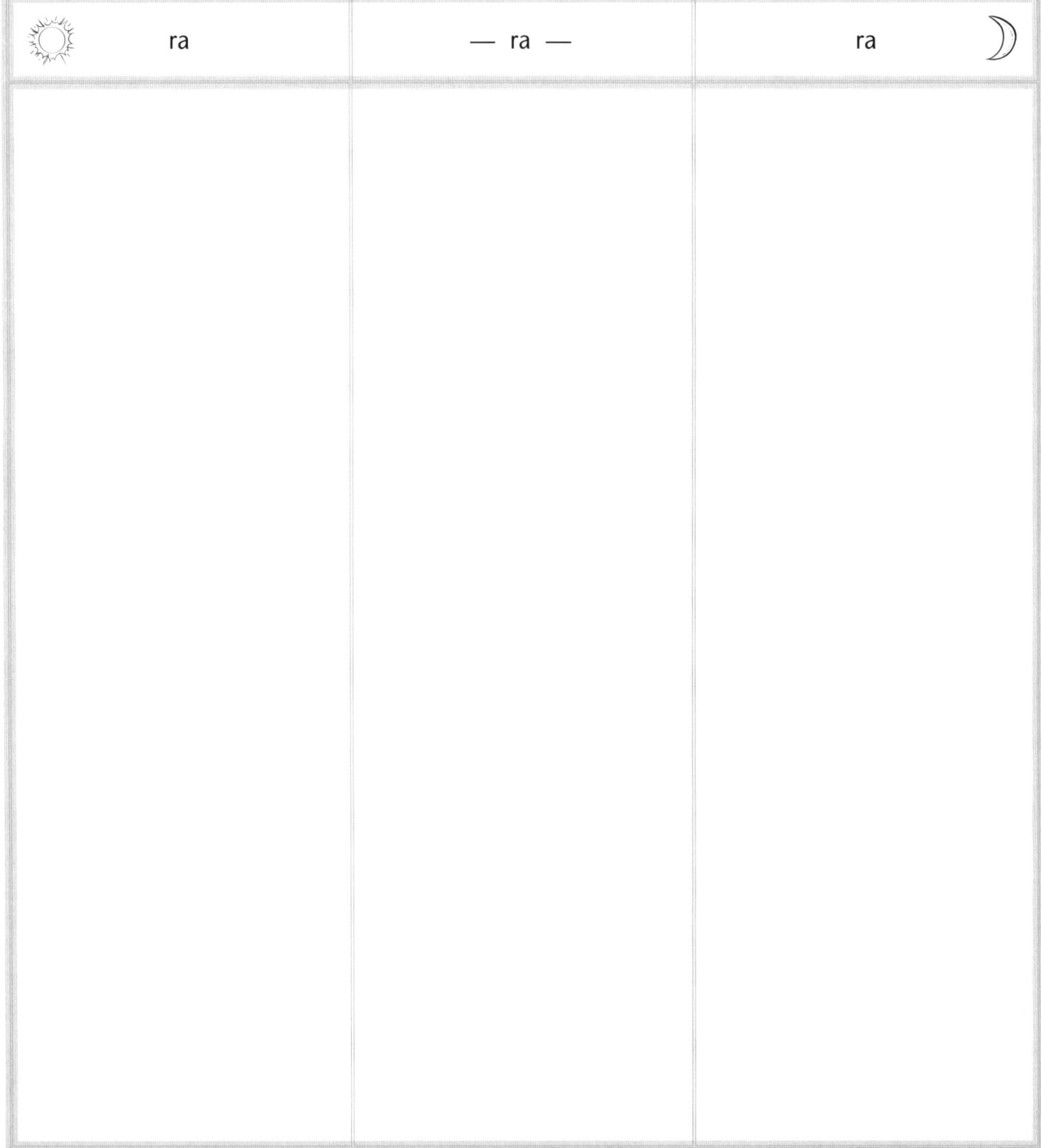

Liste des 12 mots illustrés   radeau, radis, radio, raquette, caramel, parachute, aspirateur, parasol, caméra, girafe, *cravate, *photographe

*Voir remarques, page 21

Illustrations de l'activité 2.4

La localisation de la syllabe ra

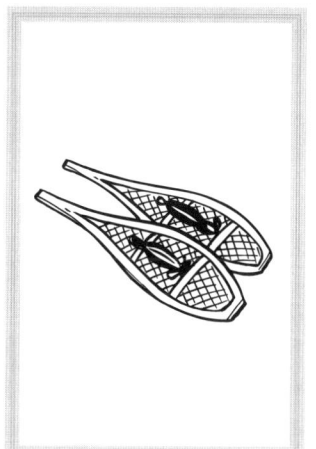
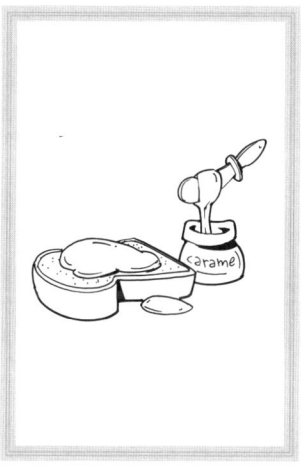

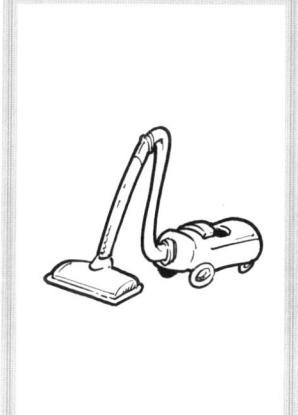

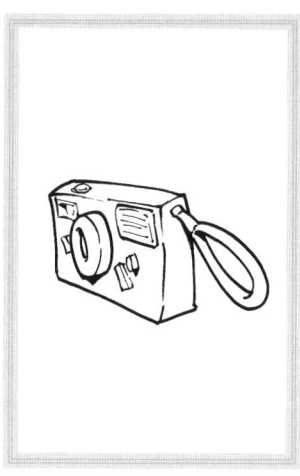

Fiche de l'activité 2.4

La localisation de la syllabe ri

ri	— ri —	ri

Liste des 10 mots illustrés rivière, rideau, arrivée, cerises, hérisson, corridor, céleri, canari, *frigidaire, *dentifrice

*Voir remarques, page 21

Illustrations de l'activité 2.4

La localisation de la syllabe ri

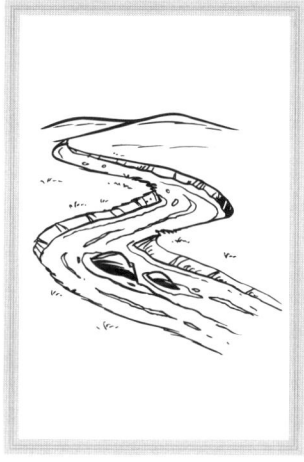
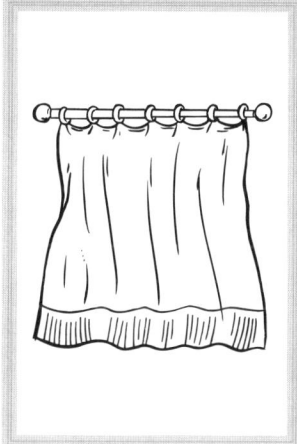

Fiche de l'activité 2.4

La localisation de la syllabe ro

Liste des 12 mots illustrés   robot, robinet, arrosoir, perroquet, barreau, sirop, numéros, aéroport, taureau, astronaute, brocoli, crocodile

Illustrations de l'activité 2.4

La localisation de la syllabe ro

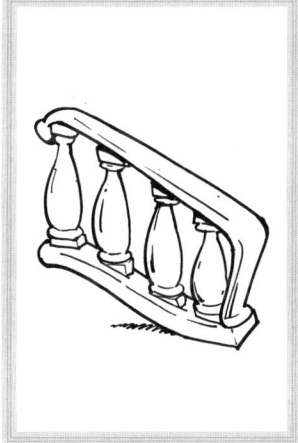

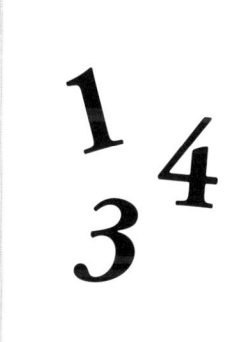

L'apprenti lecteur

LA CONSCIENCE SYLLABIQUE

Activité 2.5

L'identification de la syllabe dans le mot

Objectif visé
- Permettre à l'enfant d'identifier la syllabe cible dans le mot.

Matériel
- Les fiches de l'activité 2.5 et les images de l'activité 2.5 (voir les pages 46 à 51).
- Des ciseaux.
- De la colle.

Déroulement de l'activité
- Découpez les images.
- Prononcez les syllabes cibles pour l'enfant.
- Demandez ensuite à l'enfant de coller chaque image dans la case appropriée correspondant à la syllabe entendue.

Exemple

Placer les illustrations suivantes :

la	lavabo, salade, lilas			
lè lai lei	laitue, baleine			

L'apprenti lecteur

Fiche de l'activité 2.5

L'identification des syllabes
la, lè, li, lo, lu

la	
lè	
li	
lo	
lu	

Liste des 15 mots illustrés   lavabo, salade, matelas, libellule, tulipe, lilas, cachalot, loto, tableau, laitue, baleine, balai, lunette, allumettes, pelure

Illustrations de l'activité 2.5

L'identification des syllabes
la, lè, li, lo, lu

 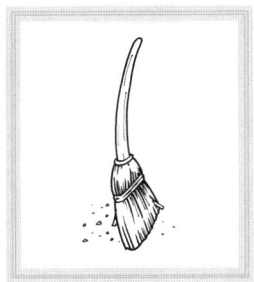   

Fiche de l'activité 2.5

L'identification des syllabes
ma, me, mi, mo, mu

ma	
me	
mi	
mo	
mu	

Liste des 16 mots illustrés   marteau, camarade, pyjama, melon, menuisier, meuble, miroir, dominos, moto, locomotive, chameau, chemise, cheminée, musée, musique, muscle

Illustrations de l'activité 2.5

L'identification des syllabes
ma, me, mi, mo, mu

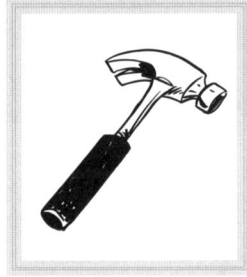    

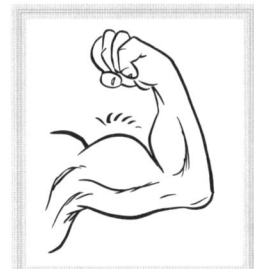

L'apprenti lecteur

Fiche de l'activité 2.5

L'identification des syllabes
ra, re, ri, ro, ru

ra	
re	
ri	
ro	
ru	

Liste des 15 mots illustrés — radis, parapluie, caméra, renard, repas, ressort, rideau, cerises, riz, robot, arrosoir, zéro, ruban, grue, charrue

Illustrations de l'activité 2.5

L'identification des syllabes
ra, re, ri, ro, ru

  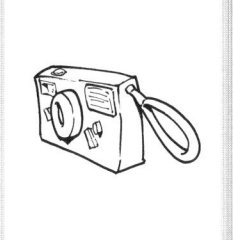  

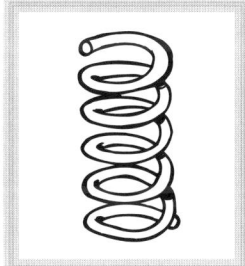    

   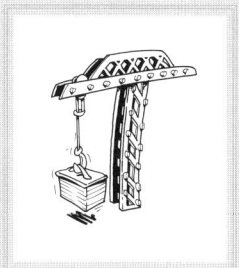 

L'apprenti lecteur

LA CONSCIENCE SYLLABIQUE

Activité 2.6
Le domino des syllabes

Objectifs visés	• Analyse et fusion syllabiques • Permettre à l'enfant de travailler l'identification, la segmentation et la localisation des syllabes dans un mot. • Permettre à l'enfant de faire le lien entre la notion de *début* du mot et la notion de *fin* du mot sur le plan auditif et sur le plan visuo-spatial.
Matériel	• Des dominos à confectionner à partir des images de l'activité 2.6 (voir les pages 53 à 56). Chaque domino illustre soit un mot d'une syllabe, soit un mot de deux syllabes.
Déroulement de l'activité	• Reproduisez les images de l'activité. • Confectionnez les dominos à partir des images. • Nommez l'image sur le domino. • Demandez ensuite à l'enfant de nommer la ou les syllabes de l'image représentée sur le domino. • Le jeu se joue selon la règle classique du domino. Toutefois, les dominos seront disposés en fonction des syllabes du mot représenté sur chaque domino. En effet, si le domino placé au centre de la table illustre un *lapin*, le joueur aura le choix de placer soit un mot se terminant par la syllabe *la*, soit un mot commençant par la syllabe *pin*. Exemple

lama   maman   manteau

Remarque	• Le nombre de syllabes se calcule selon la prononciation du mot (par exemple, le mot *pomme* compte une syllabe et non pas deux, car il ne faut pas tenir compte du *e* muet).
Liste des 51 mots ou lettres illustrés	lama, maman, manteau, tomate, matelas, lapin, pinceau, saumon, montée, télé, léger, G-la, la-( ), riz-seau, dos-sou, banc-( ) , ( )-banc, bandeau, dauphin, fin-four, fourmi, midi, dîner, nez-dos, souris, rideau, doré, réglisse, glissoire, soir-poulet, laitue, tutu, tulipe, ( )-bas, balai, lait-dés, dégât, gâteau, tomate, matelot, logis, gilet, lait-G, ( )-( )

Dominos de l'activité 2.6

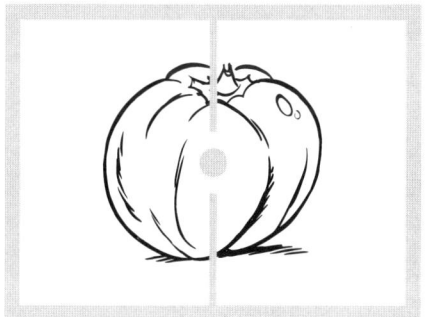
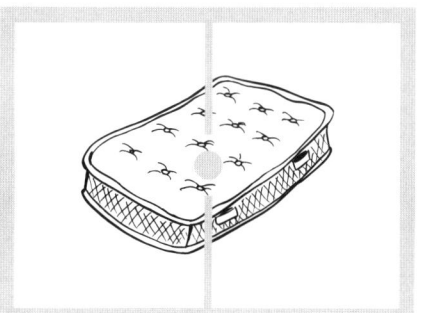

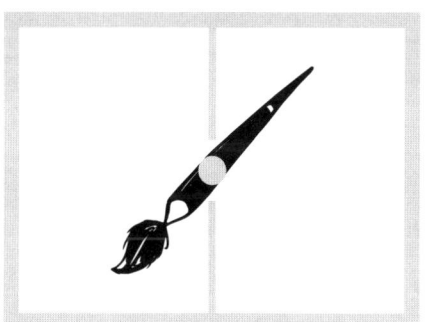

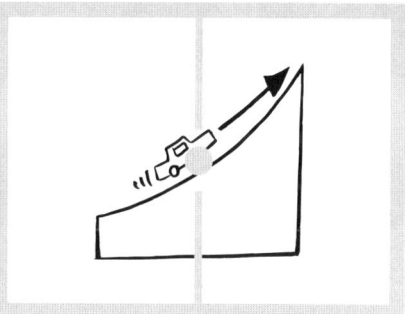

Dominos de l'activité 2.6

la

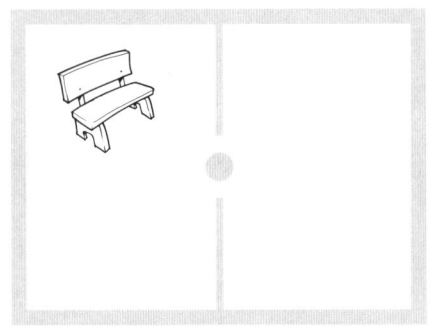 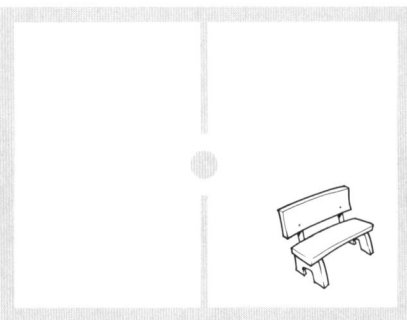 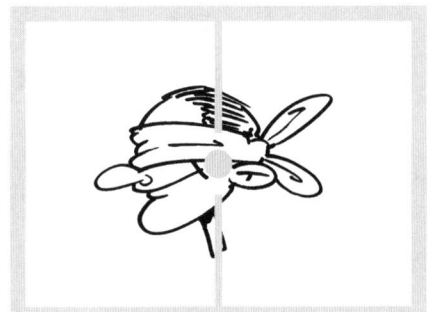

Dominos de l'activité 2.6

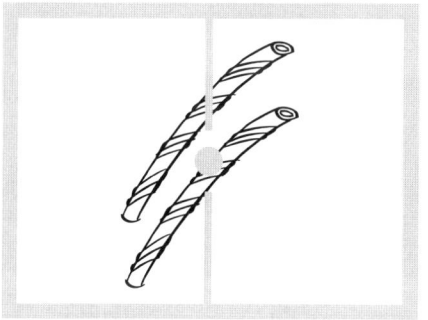

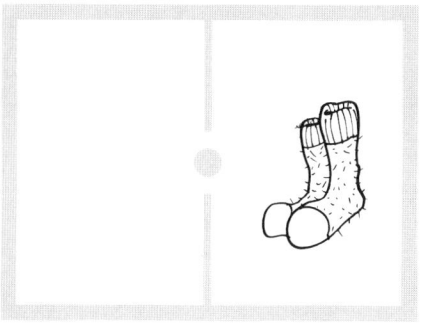

L'apprenti lecteur

Dominos de l'activité 2.6

 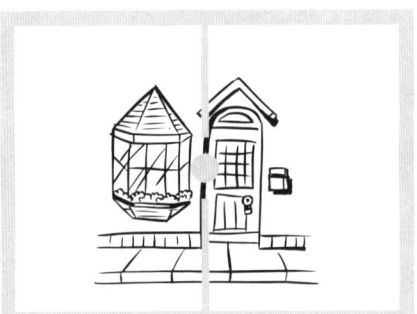 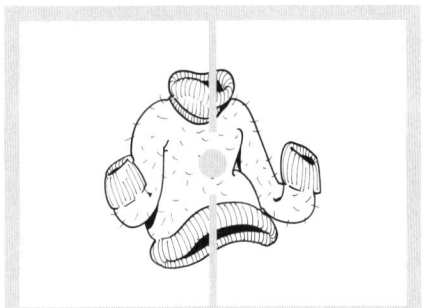

G

L'apprenti lecteur

LA CONSCIENCE PHONÉMIQUE

3

Activité 3.1

Le jeu des serpents et des échelles

Objectifs visés	• Segmentation phonémique • Permettre à l'enfant de prendre conscience que les mots sont composés de phonèmes isolés et que ces phonèmes sont organisés de façon séquentielle (au début, au milieu et à la fin). • Permettre à l'enfant d'analyser et de juger de la présence d'un phonème en début de mot. • Permettre à l'enfant de faire le lien entre la notion de *début* de mot sur le plan auditif et la notion de *début* de mot sur le plan visuo-spatial.

Matériel	• Un jeu à confectionner à partir des planches de l'activité (voir les pages 59 à 65).
	• Un dé.
	• Des pions.
	• Les séries de lettres (voir la page 59) à découper et à coller sur un dé:
	   – la série des voyelles: *a, i, o, ou, in, é*.
	   – la série des consonnes «élastiques»: *f, v, s, ch, j, r*.
	   – la série des consonnes «non élastiques»: *p, b, t, d, k, gu*.

Déroulement de l'activité	• Reproduisez les planches de l'activité. • Découpez la série de phonèmes et collez-les sur les faces d'un dé. • Le jeu se joue selon la règle classique du jeu des serpents et des échelles mais, plutôt que de jouer avec un dé classique, utilisez le dé fabriqué. Chaque joueur avance son pion sur la première case où est représenté le mot qui commence par le phonème cible. Toutefois, au cours du jeu, s'il n'y a plus d'image commençant par le phonème sélectionné, le joueur passe son tour. • Par exemple, si le joueur est placé sur la case de départ et que, en lançant son dé, il obtient le phonème *a*, il devra alors avancer son pion jusqu'à la case représentant une *abeille*. C'est en effet la première image rencontrée sur le parcours qui commence par le phonème *a*. • L'adulte devra prononcer le phonème obtenu à la suite du lancer du dé, puis nommer les images afin de s'assurer que les mots dits contiennent un des phonèmes cibles; ainsi, l'enfant peut se concentrer uniquement sur l'habileté à développer.
Remarques	• Pour ces activités, il est important de prononcer le phonème (le son de la lettre) et non le nom de la lettre. Par exemple, pour la lettre *f*, prononcez *fffff* et non pas *èf*. • Si l'enfant éprouve de la difficulté à juger si le mot débute ou non par le son cible: – commencez alors le jeu avec des mots débutant par une voyelle;

- une fois l'habileté maîtrisée, passez aux mots commençant par une consonne « élastique » (une consonne dont la prononciation peut être prolongée, par exemple ffffumée);
- finalement, reprenez le jeu avec les mots commençant par une consonne « non élastique ».
- Si l'enfant éprouve de la difficulté à distinguer les sons proches sur le plan articulatoire :
  - pour les sons *b-p, j-ch, z-s, v-f, k-g (gu)* et *t-d*:
    ♦ placez la main de l'enfant sur son cou, puis faites-lui prononcer, par exemple, le son *vvvv*;
    ♦ faites-lui ensuite remarquer que, lorsqu'il prononce ce son, il peut sentir dans son cou un petit moteur (la vibration des cordes vocales) qui vient chatouiller sa main;
    ♦ répétez l'exercice mais, cette fois, avec le son *ffff*. L'enfant constatera que, pour ce son, il ne sent pas de petit moteur. Ce geste lui permettra de prendre conscience de la distinction entre le *b* et le *p*, le *j* et le *ch*, le *z* et le *s*, le *v* et le *f*, le *d* et le *t* ainsi que le *k* et le *g (gu)*.
  - pour les sons *an, on, in* :
    ♦ cette fois, placez les doigts de l'enfant sur son nez plutôt que sur son cou. Cet exercice lui permettra de distinguer les sons nasaux des sons non nasaux;
    ♦ passez ensuite aux activités 3.5 et 3.6 (la localisation d'un phonème dans le mot et le jeu de loto) et sélectionnez les planches de jeu correspondant aux phonèmes avec lesquels l'enfant a des difficultés.
- Les activités portant sur la conscience phonémique sont de bons prédicteurs de la réussite de l'apprentissage de la lecture. En effet, les enfants ayant de la difficulté à identifier des phonèmes dans le mot risquent d'éprouver des difficultés d'apprentissage de la lecture.

Liste des 39 mots illustrés commençant par une voyelle	araignée, allumettes, armoire, abeille, âne, ananas, arbre, image, immeuble, igloo, hibou, hiver, île, otarie, auto, autobus, automne, homard, odeur, oursin, ours, ovale, outils, ouvre-boîte, ourson, indien, imperméable, insecte, incendie, instrument de musique, infirmière, étoile, épée, éponge, écureuil, éléphant, échelle, échec, hélicoptère
Liste des 40 mots commençant par une consonne « élastique »	fantôme, fusée, feuille, phoque, feu, fusil, fenêtre, vis, verre, valise, voiture, violon, vache, ver de terre, scie, sac, sapin, soleil, savon, soupe, sirène, château, chat, cheval, chenille, cheminée, chameau, chien, jupe, girafe, jambon, jouet, jumeaux, requin, reine, roi, raisins, robot, robe, roue
Liste des 40 mots commençant par une consonne « non élastique »	pain, poulet, pelle, pinceau, pomme, poule, poubelle, ballon, bain, baleine, bouche, banc, bague, botte, tasse, télévision, téléphone, toit, tapis, tortue, tomate, dés, dents, dauphin, dominos, doigt, dos, dinosaure, carotte, canard, camion, couteau, cochon, coq, gâteau, gants, garage, garçon, guitare, gorille

Le jeu des serpents et des échelles

| a | i | o | ou |

| in | é | f | v |

| s | ch | j | r |

| p | b | t | d |

| k | g |

Planche de l'activité 3.1

Le jeu des serpents et des échelles

Phonèmes en début de mot

La série des voyelles: *a, i, o, ou, in, é*

Planche de l'activité 3.1

Le jeu des serpents et des échelles

Phonèmes en début de mot

La série des voyelles: *a, i, o, ou, in, é*

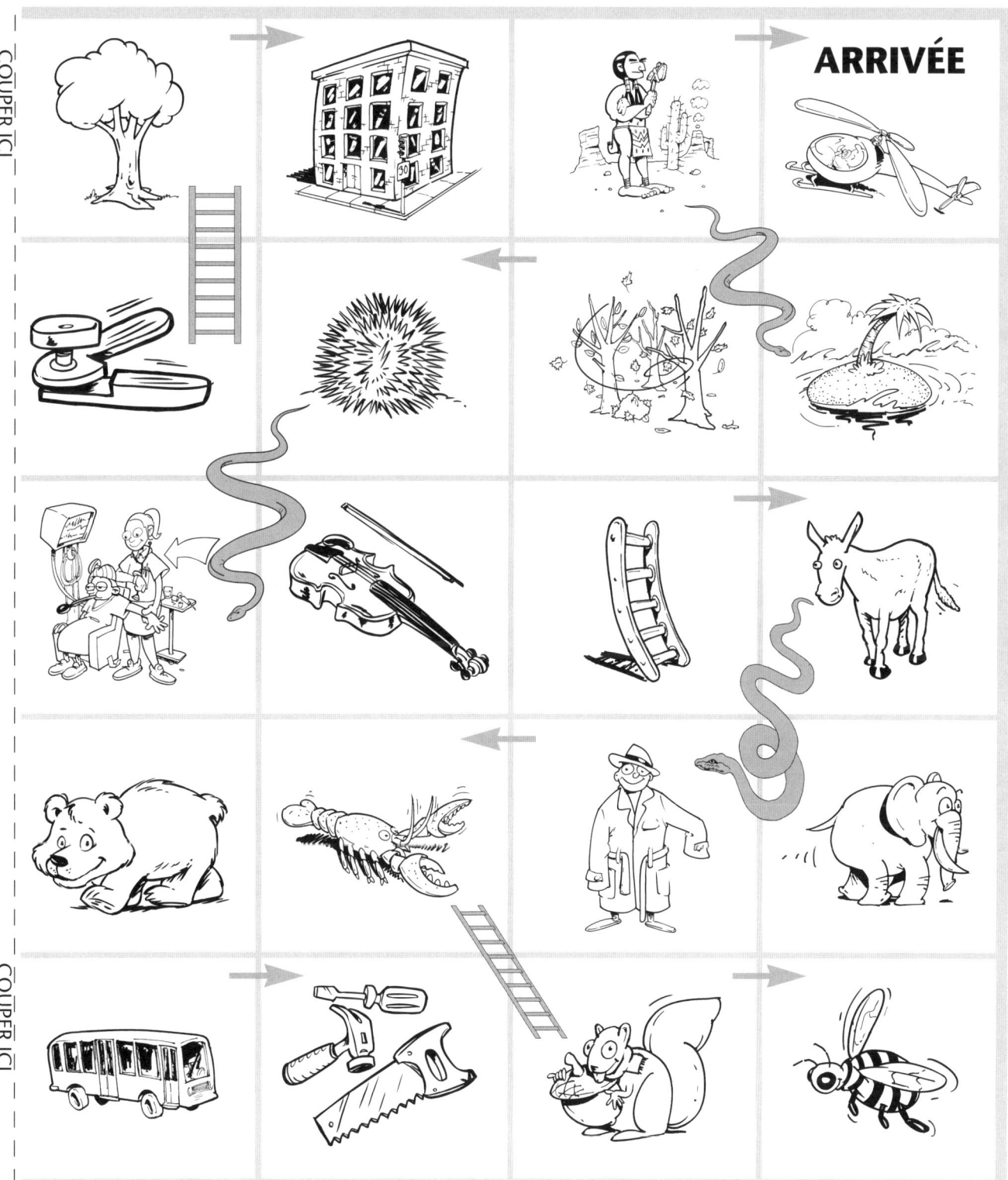

L'apprenti lecteur

Planche de l'activité 3.1

Le jeu des serpents et des échelles
Phonèmes en début de mot
La série des consonnes « élastiques » : f, v, s, ch, j, r

Planche de l'activité 3.1

Le jeu des serpents et des échelles
Phonèmes en début de mot
La série des consonnes « élastiques » : *f, v, s, ch, j, r*

Planche de l'activité 3.1

Le jeu des serpents et des échelles
Phonèmes en début de mot
La série des consonnes «non élastiques»: *p, b, t, d, k, g (gu)*

Planche de l'activité 3.1

Le jeu des serpents et des échelles
Phonèmes en début de mot
La série des consonnes «non élastiques»: *p, b, t, d, k, g (gu)*

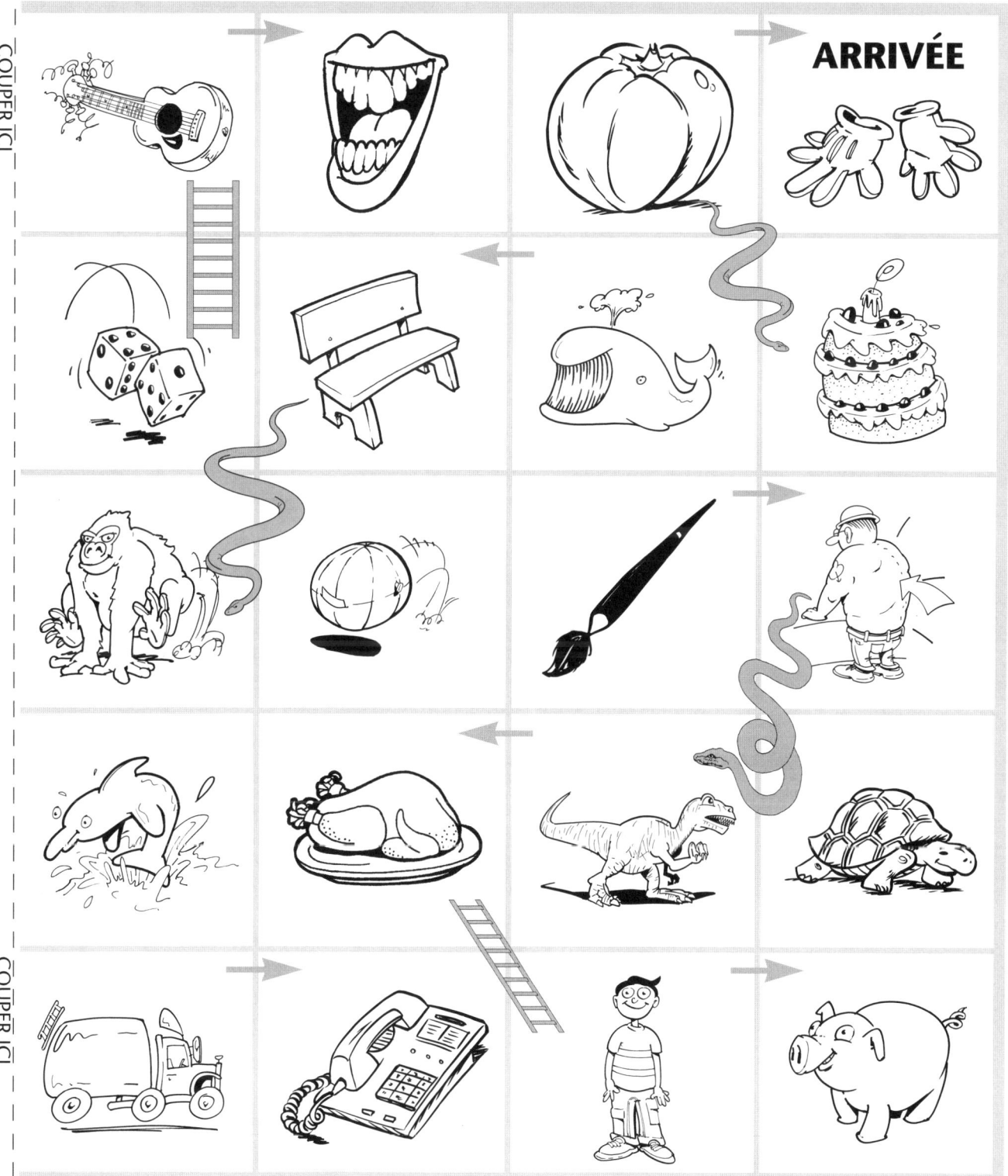

L'apprenti lecteur

LA CONSCIENCE PHONÉMIQUE

Activité 3.2
Le jeu de bataille

Objectifs visés	• Segmentation phonémique • Permettre à l'enfant de prendre conscience que les mots sont composés de phonèmes isolés et que ces phonèmes sont organisés de façon séquentielle (au début, au milieu et à la fin). • Permettre à l'enfant d'analyser et de juger de la présence d'un phonème en fin de mot.
Matériel	• Des cartes à confectionner à partir des images de l'activité (voir les pages 68 à 89).
Déroulement de l'activité	• Reproduisez les images de l'activité. • Confectionnez les cartes à partir des images. • Le jeu se joue selon la règle classique du jeu de bataille. Toutefois, lorsque le joueur dépose sa carte sur la table, il doit nommer obligatoirement l'image illustrée sur cette carte. Il devra ensuite nommer le phonème entendu à la fin de ce mot. Par exemple, le joueur qui dépose la carte représentant un chat doit dire : « J'ai un *chat a* ».

Remarques	• Pour les enfants de maternelle, il est important d'articuler les mots selon leur prononciation à l'oral, c'est-à-dire en ne tenant pas compte du *e* muet (par exemple, le mot *pomme* se prononce pom et non pommE). En effet, le jeune enfant n'est pas encore conscient de l'orthographe des mots et, par conséquent, son seul point de référence est l'existence des mots exprimés oralement. Ce n'est que lorsque l'enfant fera l'apprentissage de l'écrit qu'il apprendra à faire la distinction entre la structure des mots du code oral et du code écrit.
	• Les sons situés à la fin du mot sont plus difficiles à distinguer que ceux qui sont situés au début du mot. Si l'enfant éprouve de la difficulté à isoler le son à la fin du mot,
	  – commencez l'activité par la série d'images représentant des mots se terminant par une voyelle, car les voyelles sont plus faciles à isoler à la fin du mot que les consonnes.
	• Certains enfants ont tendance à nommer la dernière syllabe entendue plutôt que la voyelle. Si tel est le cas,
	  – n'utilisez que la série de cartes illustrant des mots d'une seule syllabe ;
	  – puis donnez l'exemple à l'enfant en nommant le mot tout en prolongeant volontairement la voyelle à la fin du mot. Par exemple, pour le mot *chat*, dites *chaaaaaa-a* ;
	  – une fois que l'enfant aura maîtrisé cette habileté, reprenez l'exercice, mais cette fois en incluant les mots de deux et de trois syllabes se terminant par une voyelle ;
	  – poursuivez l'activité en utilisant d'abord la série de cartes représentant des mots qui se terminent par une consonne « élastique » (les consonnes qu'on peut prononcer longtemps) comme *ch-j*, *s-z*, *f-v*, *m*, *n*, *l* et *r* ;

- enfin, continuez avec la série de cartes représentant des mots se terminant par une consonne «non élastique» comme *t-d*, *p-b* et *k-gu*.
- Certains enfants éprouvent de la difficulté à distinguer les sons proches sur le plan articulatoire tels que *b-p*, *j-ch*, *z-s*, *v-f*, *t-d*, *gu-k*, *an-a*, *in-è*, etc. Si tel est le cas,
  - pour les sons *b-p*, *j-ch*, *z-s*, *v-f*, *k-gu* et *t-d*, placez la main de l'enfant sur son cou, puis faites-lui prononcer, par exemple, le son *vvvv*;
  - faites ensuite remarquer à l'enfant que, lorsqu'il prononce ce son, il peut sentir dans son cou un petit moteur (la vibration des cordes vocales) qui vient chatouiller sa main;
  - répétez l'exercice, mais cette fois avec le son *ffff*. L'enfant constatera que, pour ce son, il ne sent pas de petit moteur. Ce geste lui permettra de prendre conscience de la distinction entre le *b* et le *p*, le *j* et le *ch*, le *z* et le *s*, le *v* et le *f* ainsi que le *d* et le *t*;
  - pour les sons *an, on, in*, faites l'exercice expliqué précédemment mais, cette fois, en plaçant les doigts de l'enfant sur son nez plutôt que sur son cou. Cet exercice lui permettra de distinguer les sons nasaux des sons non nasaux.
- Les activités portant sur la conscience phonémique sont de bons prédicteurs de la réussite de l'apprentissage de la lecture. En effet, les enfants ayant de la difficulté à reconnaître des phonèmes dans le mot risquent de présenter des difficultés d'apprentissage de la lecture.

Liste des 60 mots illustrés se terminant par une voyelle	nez, bain, pain, pas, banc, bas, main, lait, scie, lit, pot, seau, sous, loup, pont, rond, dos, rue, jus, grue, clé, fée, sang, vent, riz, clous, dés, dents, nid, chat, cochon, maison, bonbons, requin, sapin, raisins, tapis, souris, fourmi, bateau, gâteau, château, divan, maman, serpent, fusée, poupée, ananas, chocolat, pyjama, barbu, tortue, tissus, hibou, genou, pantalon, poisson, mouton, bouton, bonbon
Liste des 40 mots illustrés se terminant par une consonne «élastique»	œuf, bœuf, griffes, tasse, os, pouce, rose, valise, roche, bouche, vache, neige, cage, ange, four, verre, poire, balle, pelle, colle, pomme, plume, gomme, lune, clown, canne, girafe, détective, autobus, tournevis, tondeuse, laveuse, orange, garage, chaussure, mouchoir, cheval, étoiles, fantôme, hippopotame
Liste des 30 mots illustrés se terminant par une consonne «non élastique»	lampe, soupe, pipe, robe, jambe, cubes, bottes, boîte, flûte, coude, corde, sac, phoque, tuque, bague, langue, vague, tulipe, enveloppe, carotte, lunette, pirate, allumettes, salade, micro-ondes, élastique, hamac, échecs, hot dog, seringue

Cartes de l'activité 3.2

Le jeu de bataille

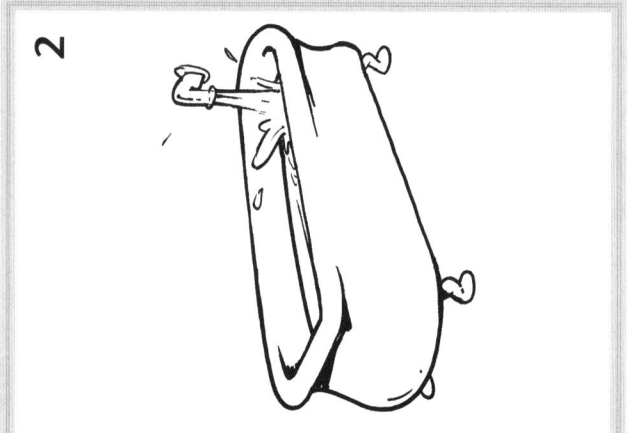

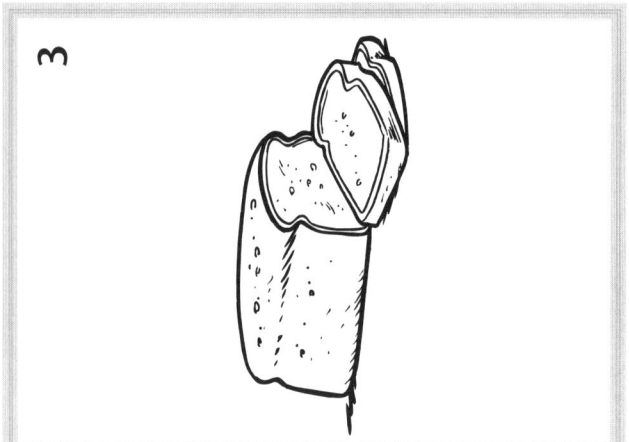

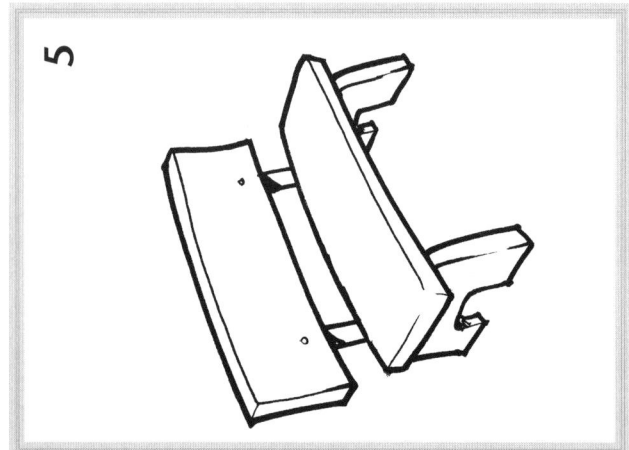

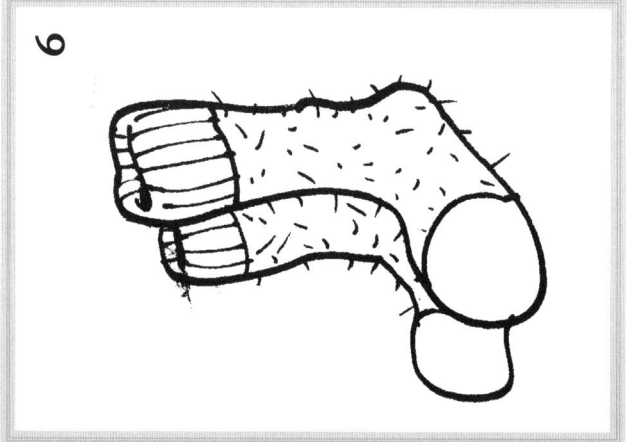

Cartes de l'activité 3.2

Le jeu de bataille

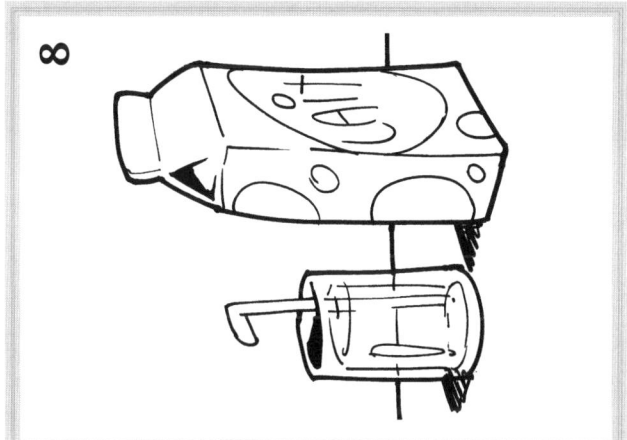
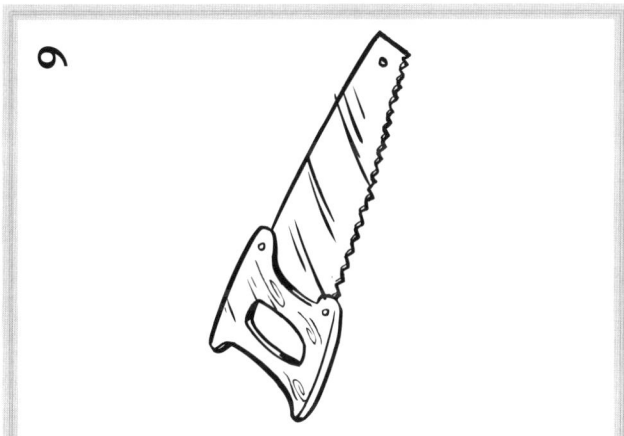
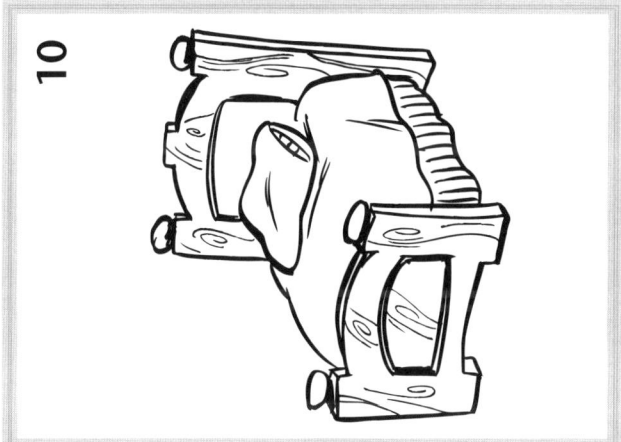
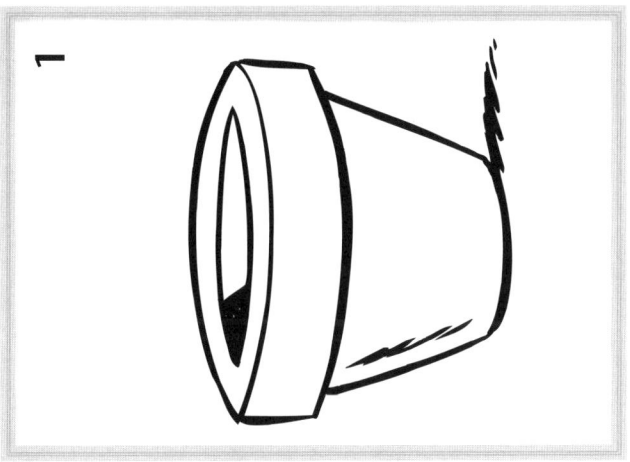

Cartes de l'activité 3.2

Le jeu de bataille

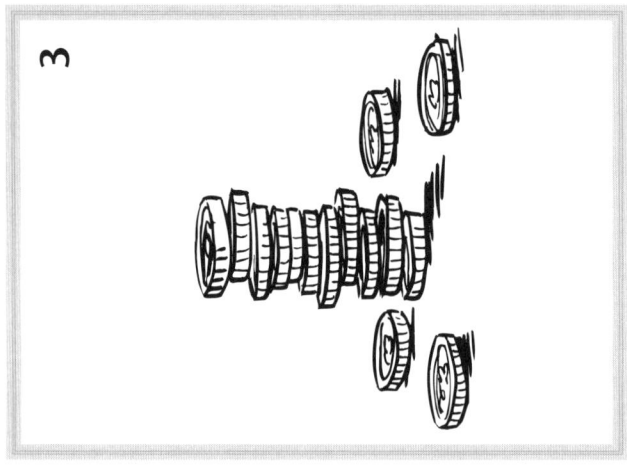

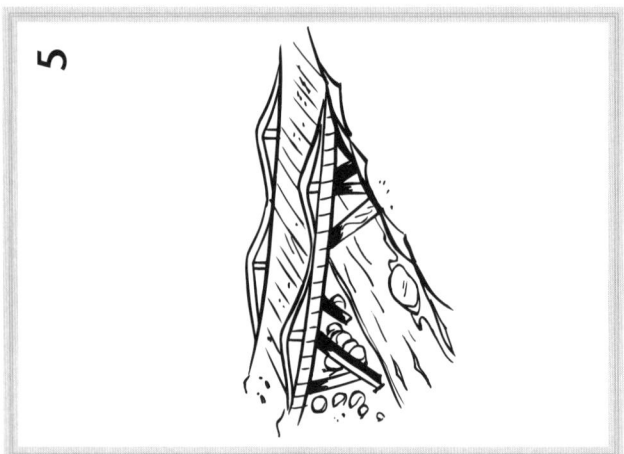

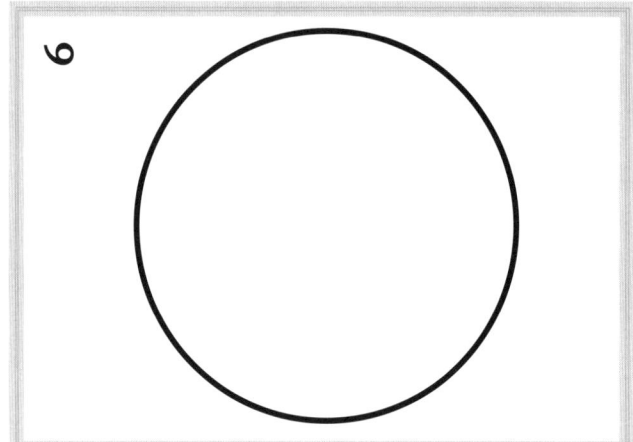

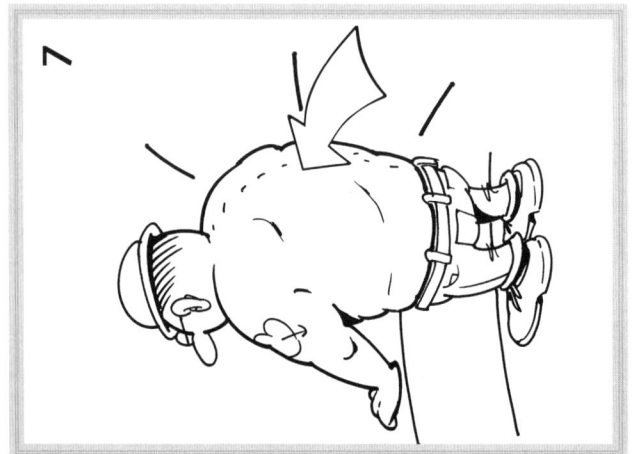

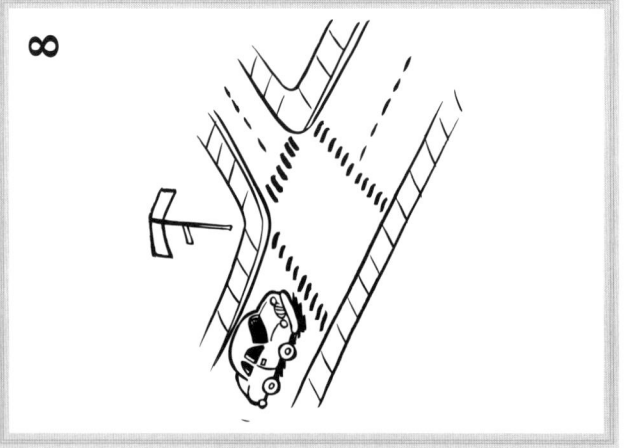

Cartes de l'activité 3.2

Le jeu de bataille

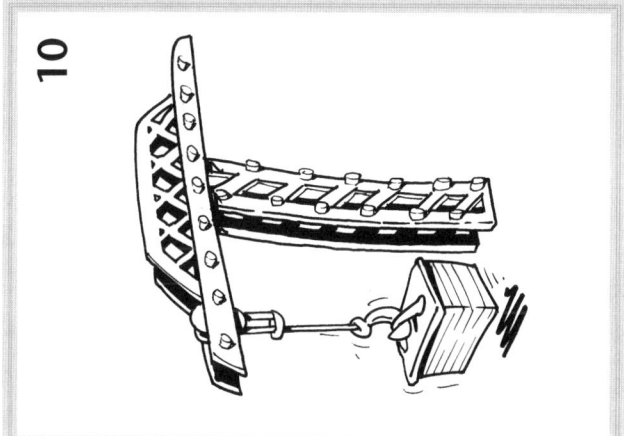
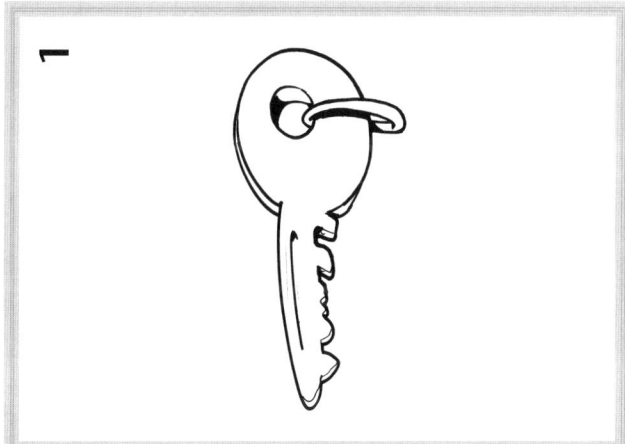
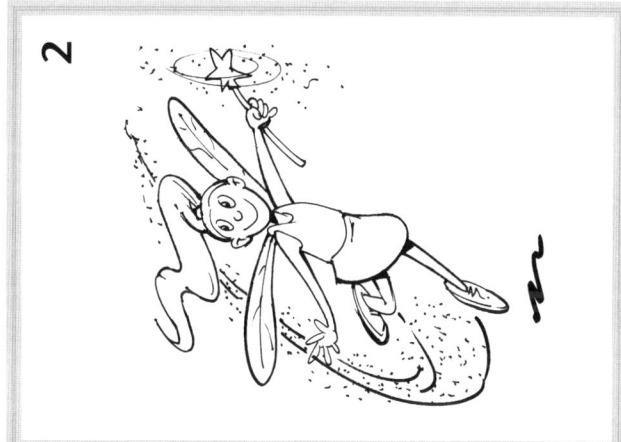
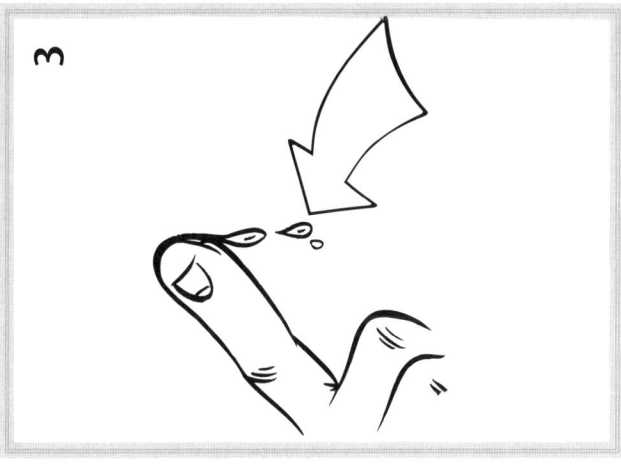

L'apprenti lecteur

Cartes de l'activité 3.2
Le jeu de bataille

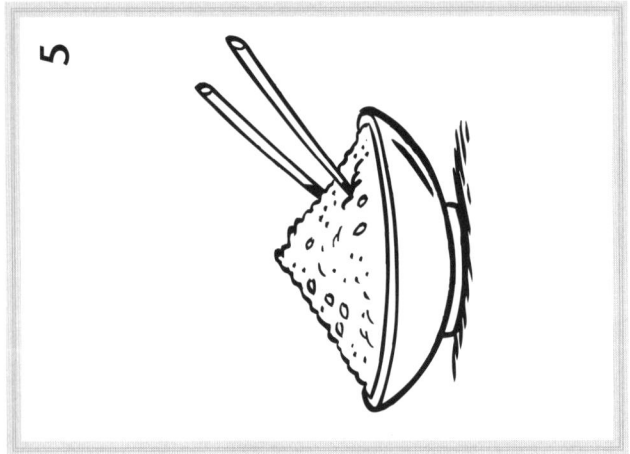
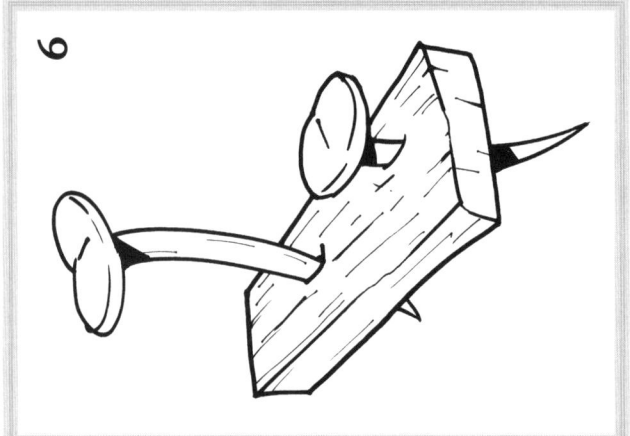

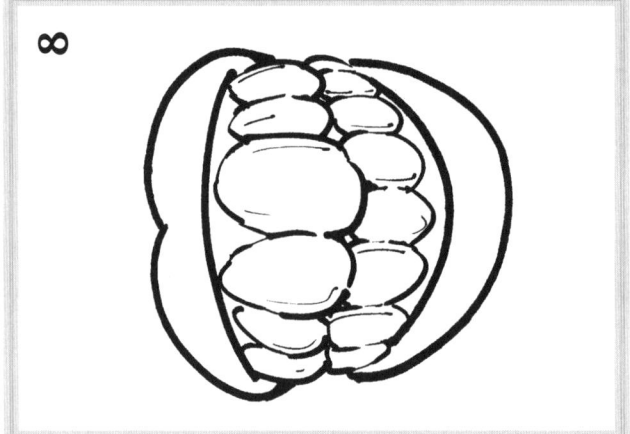

Cartes de l'activité 3.2

Le jeu de bataille

Cartes de l'activité 3.2

Le jeu de bataille

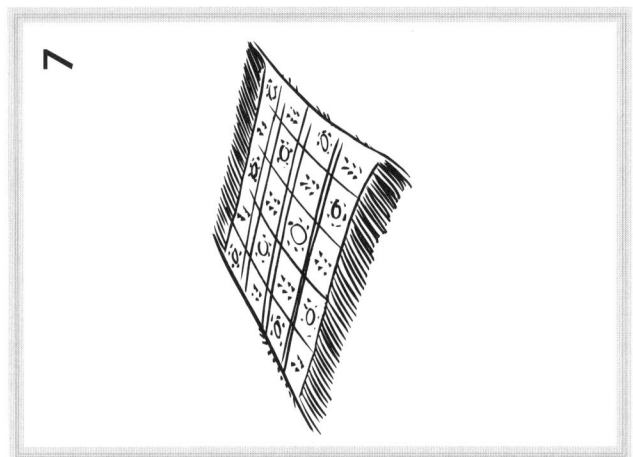

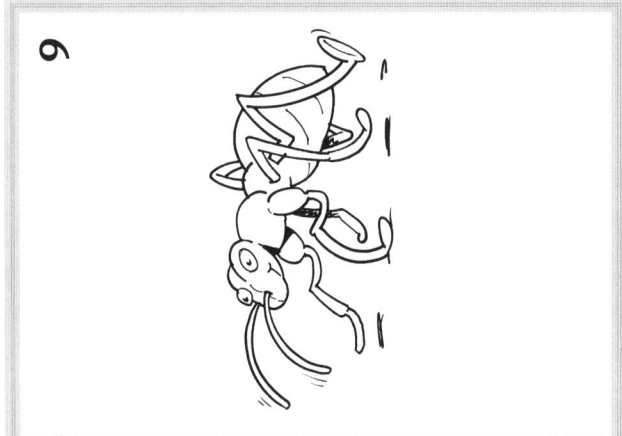

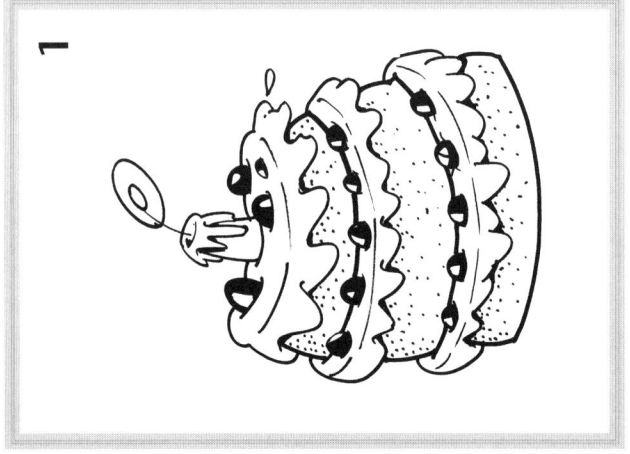

Cartes de l'activité 3.2

Le jeu de bataille

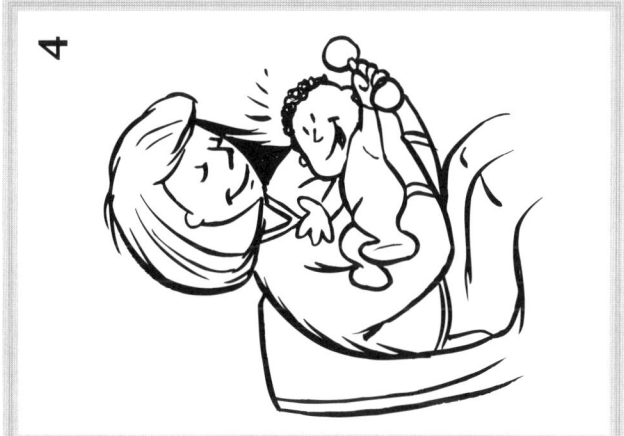
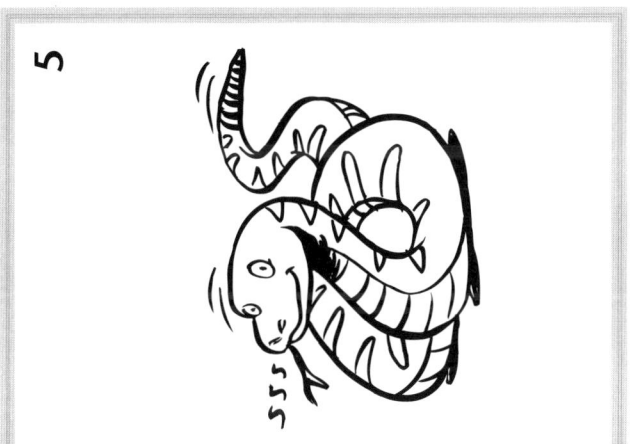
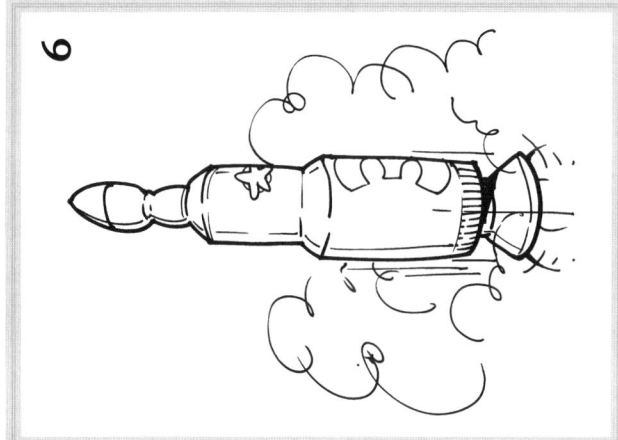

Cartes de l'activité 3.2

Le jeu de bataille

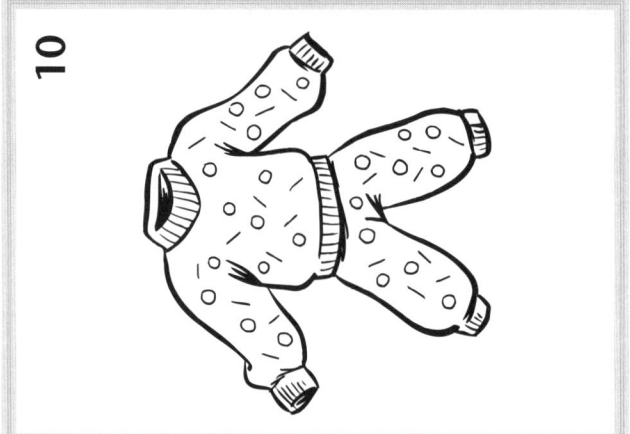

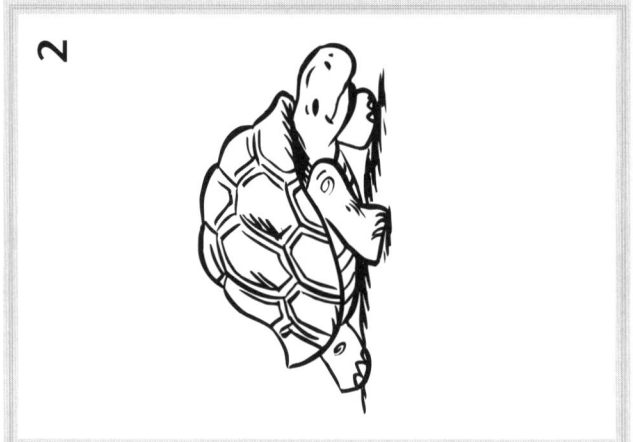
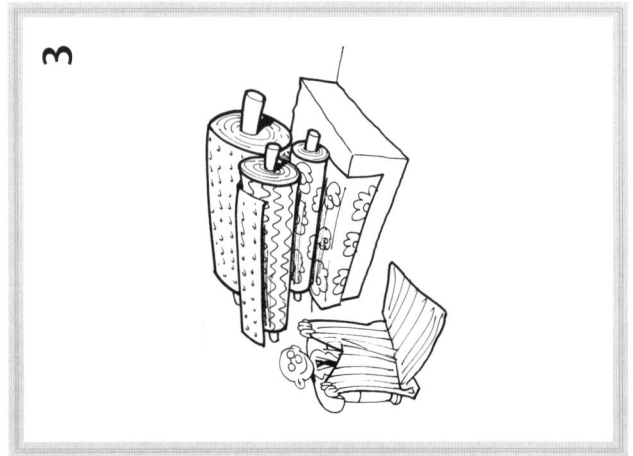

Cartes de l'activité 3.2

Le jeu de bataille

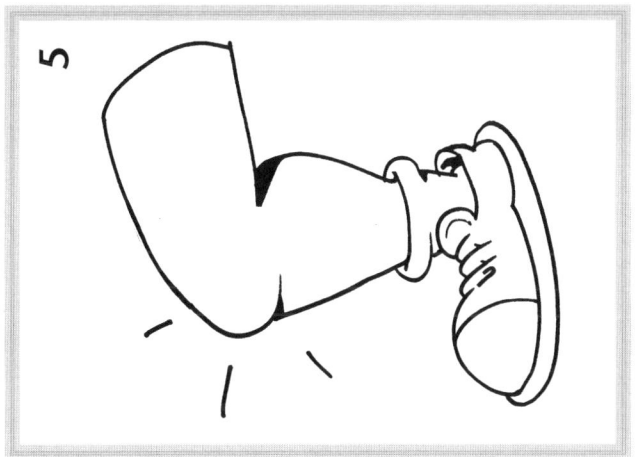
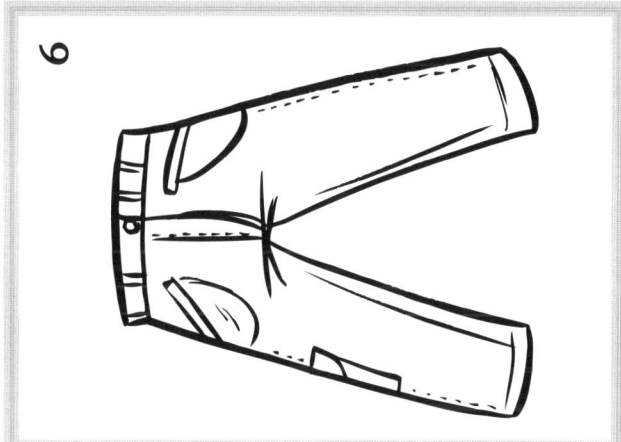

Cartes de l'activité 3.2

Le jeu de bataille

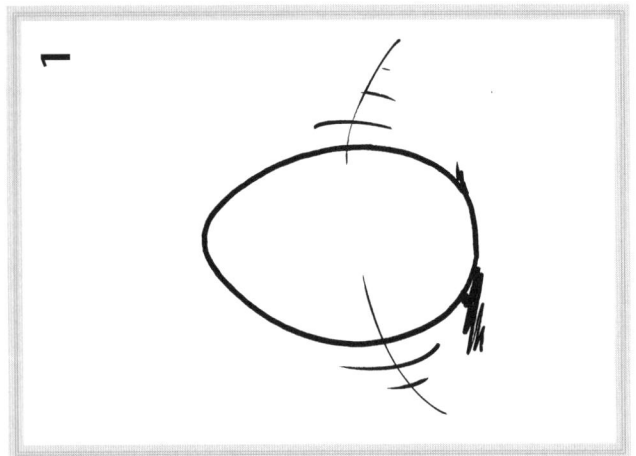

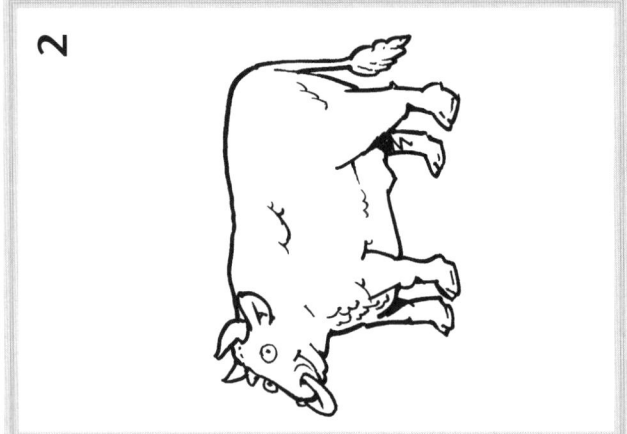

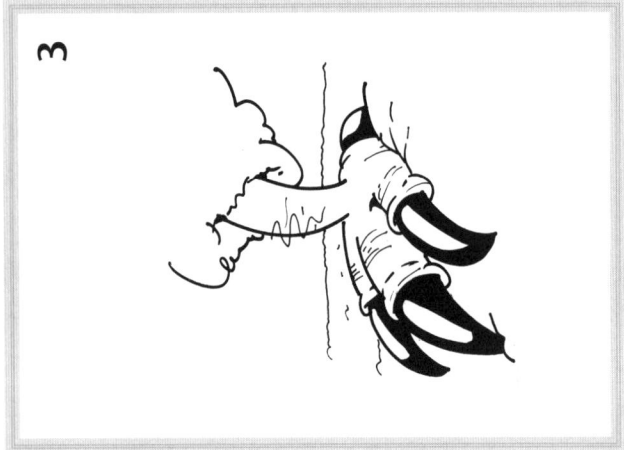

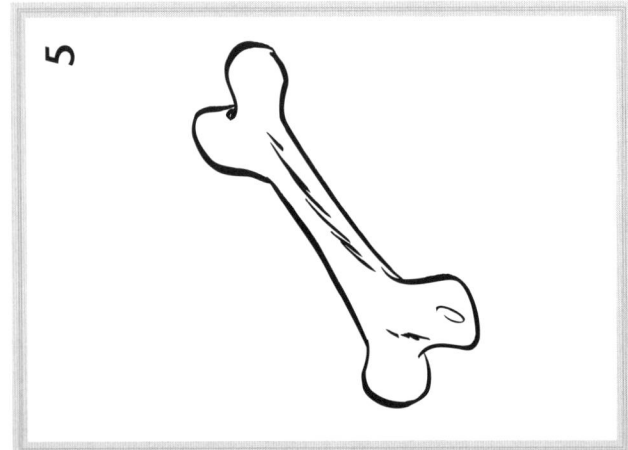

Cartes de l'activité 3.2

Le jeu de bataille

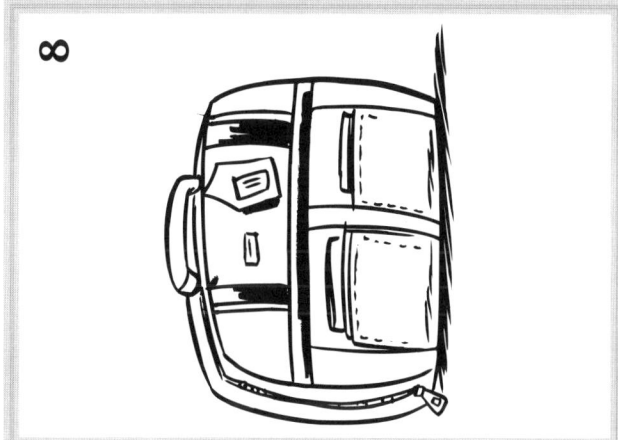
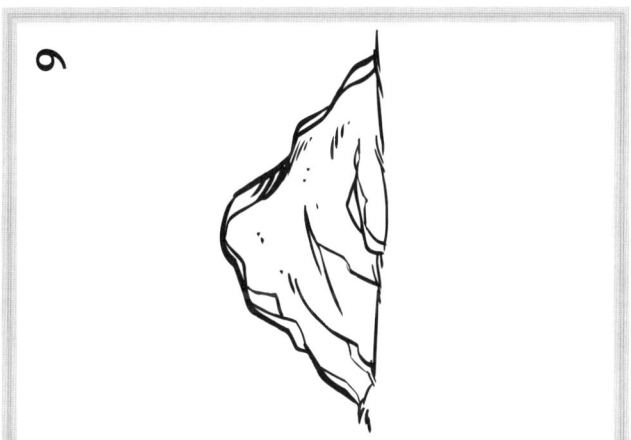
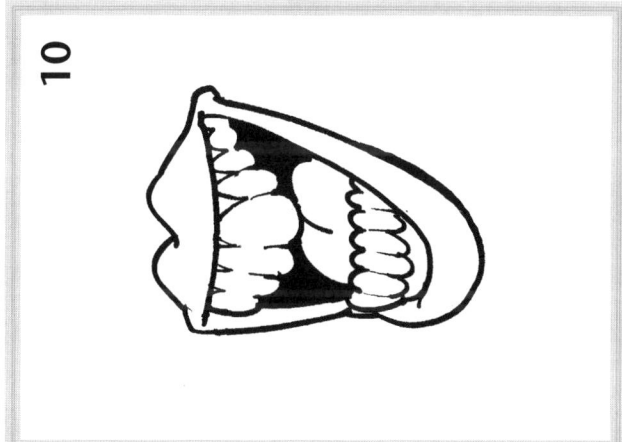

L'apprenti lecteur — 81

Cartes de l'activité 3.2

Le jeu de bataille

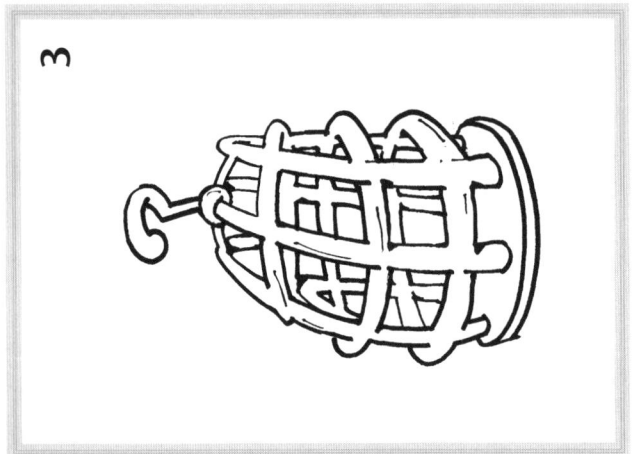

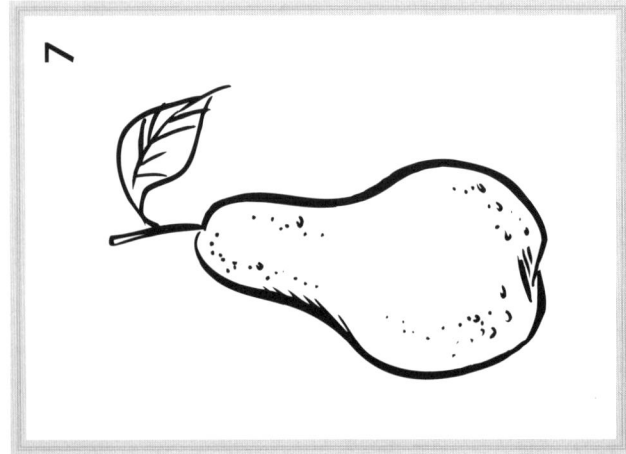
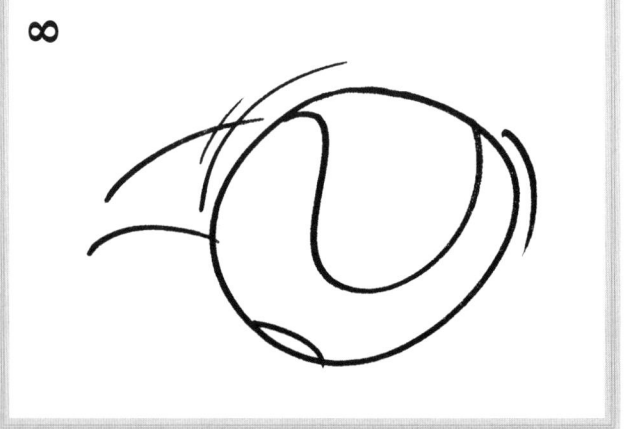

Cartes de l'activité 3.2

Le jeu de bataille

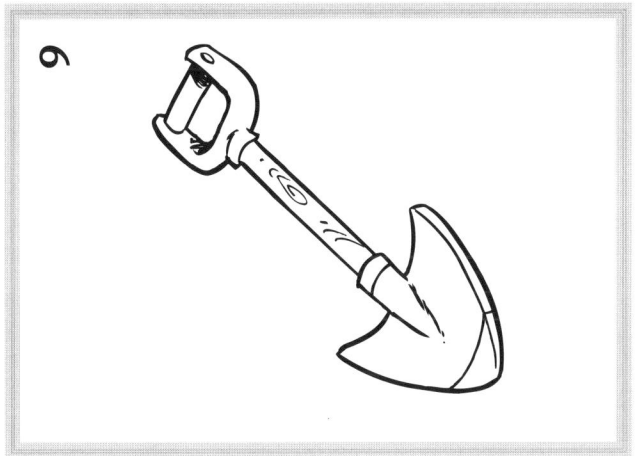

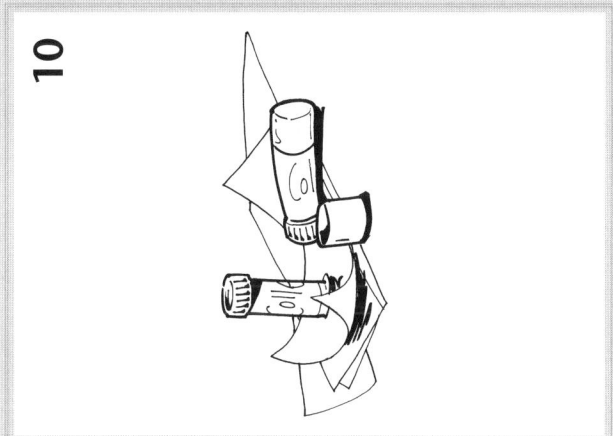

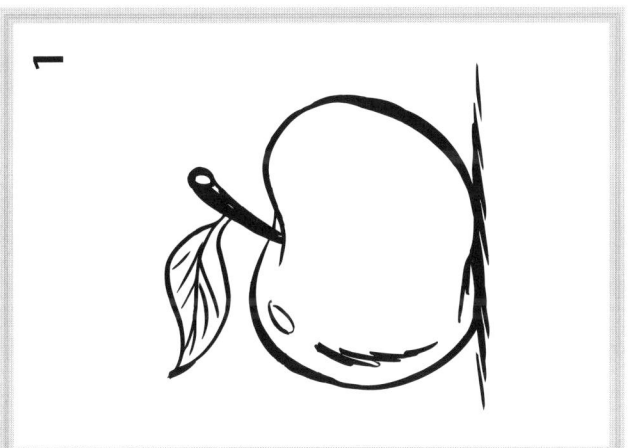

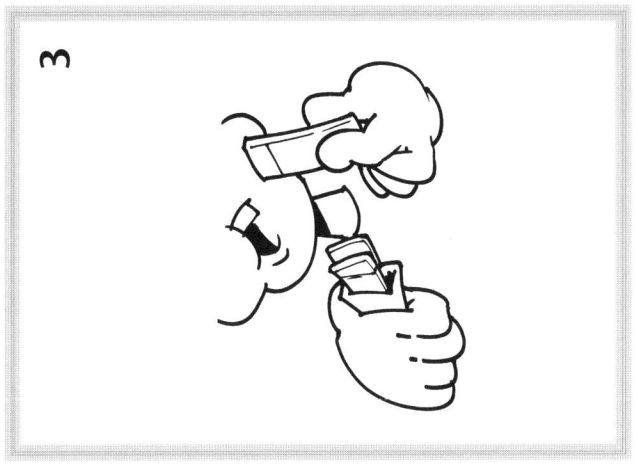

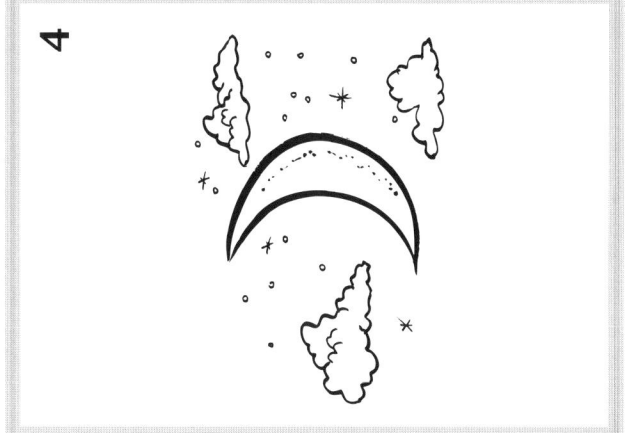

Cartes de l'activité 3.2

Le jeu de bataille

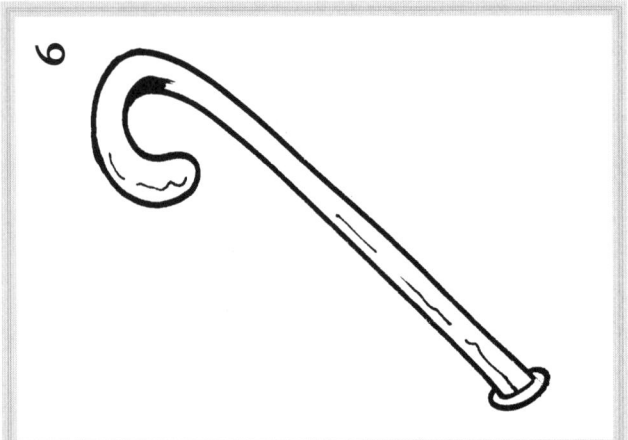

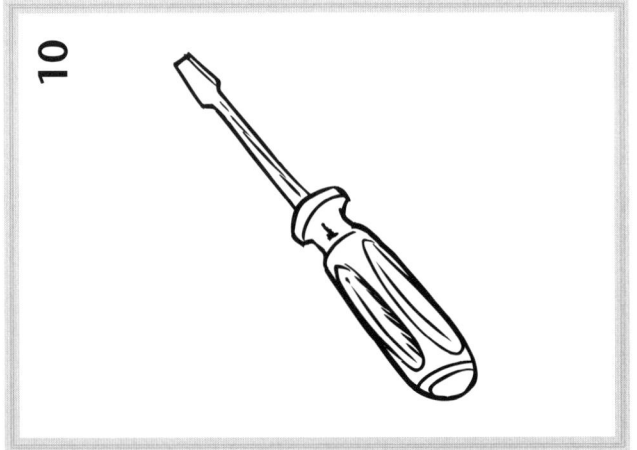

Cartes de l'activité 3.2

Le jeu de bataille

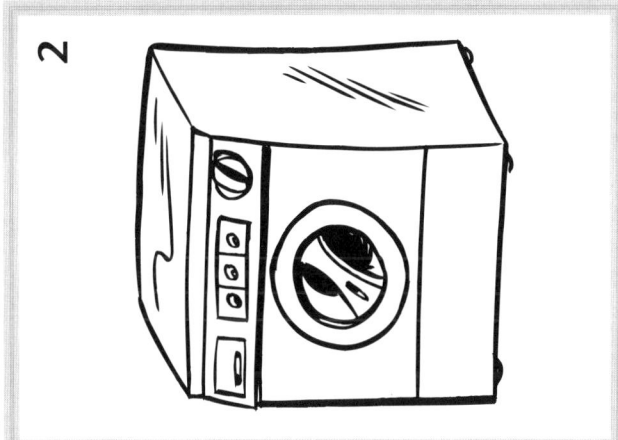

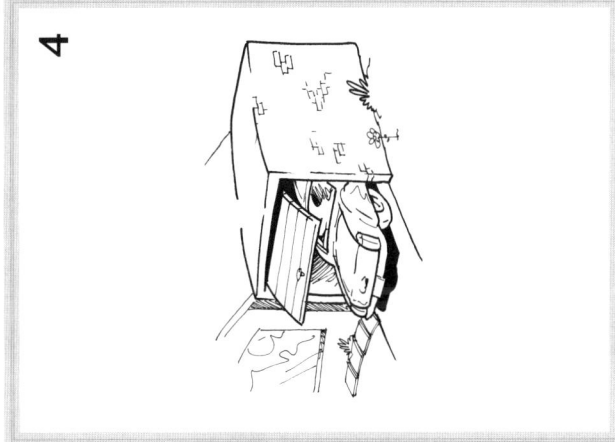

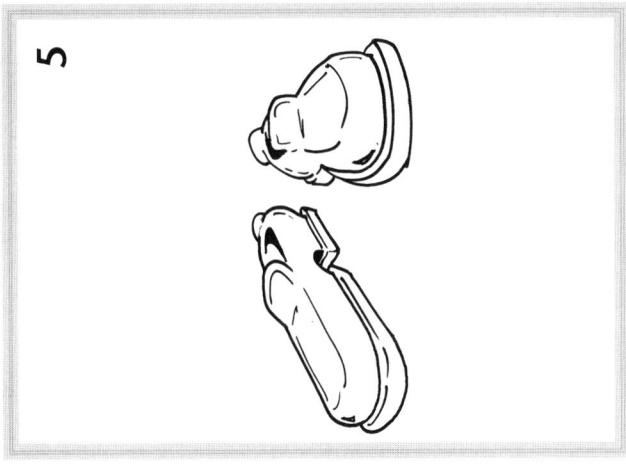

L'apprenti lecteur

Cartes de l'activité 3.2

Le jeu de bataille

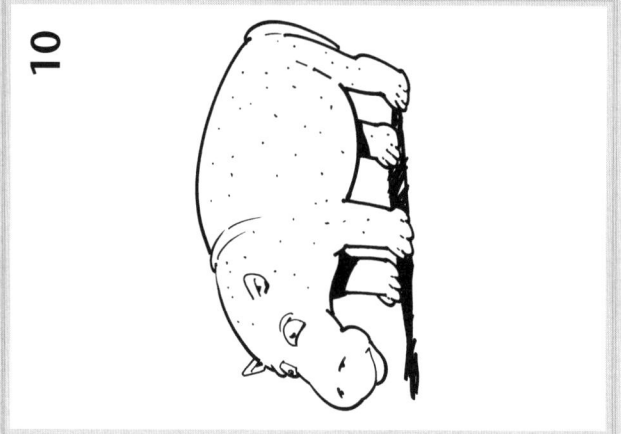

Cartes de l'activité 3.2

Le jeu de bataille

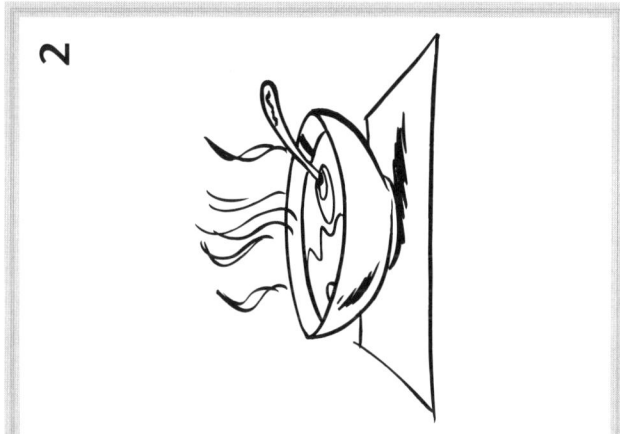
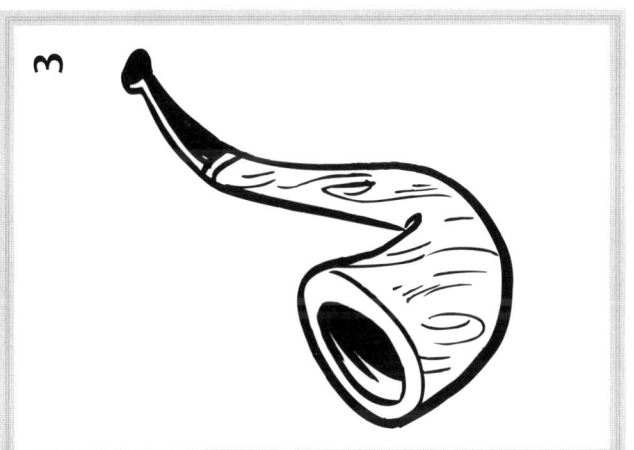
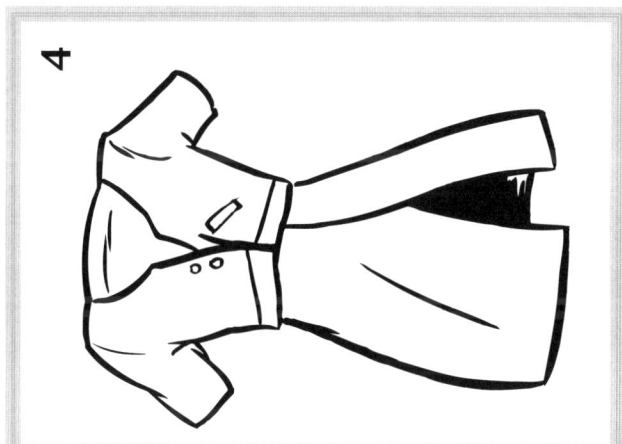
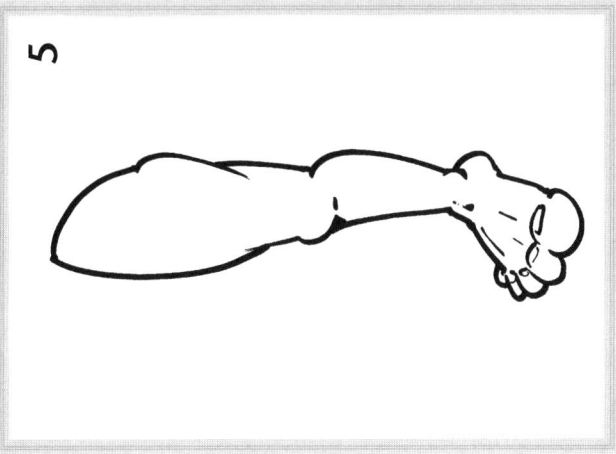
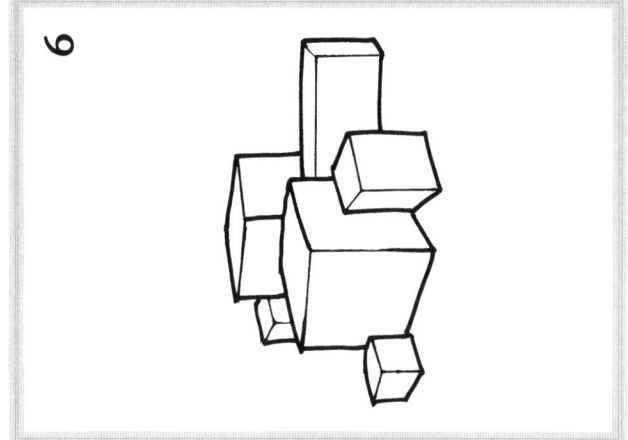

L'apprenti lecteur — 87

Cartes de l'activité 3.2

Le jeu de bataille

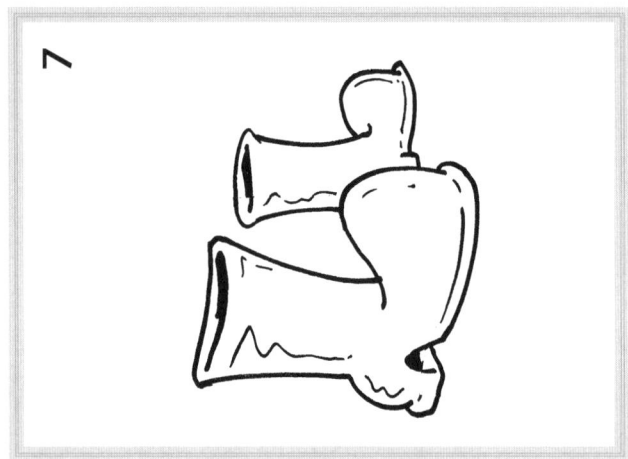
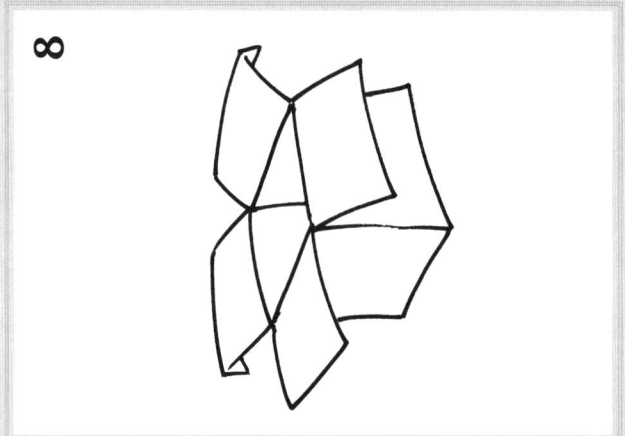
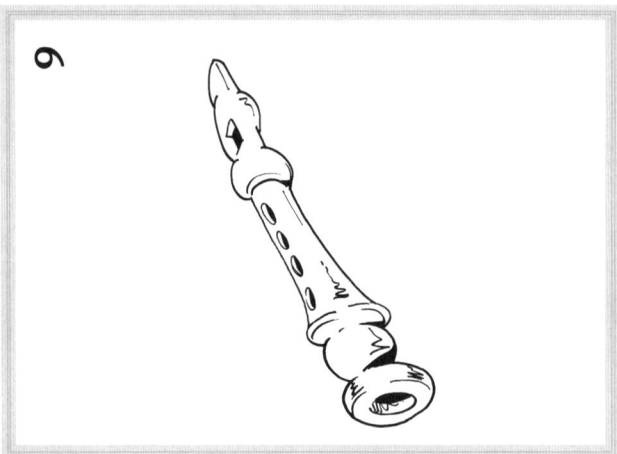

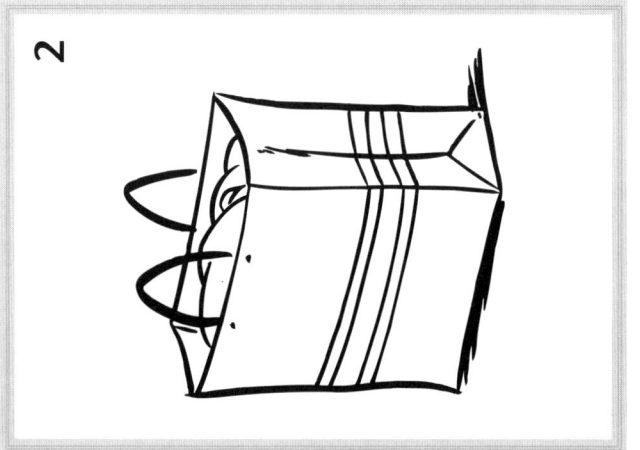

Cartes de l'activité 3.2

Le jeu de bataille

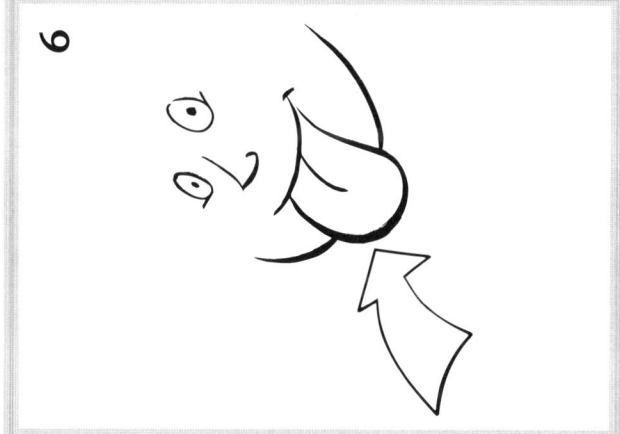
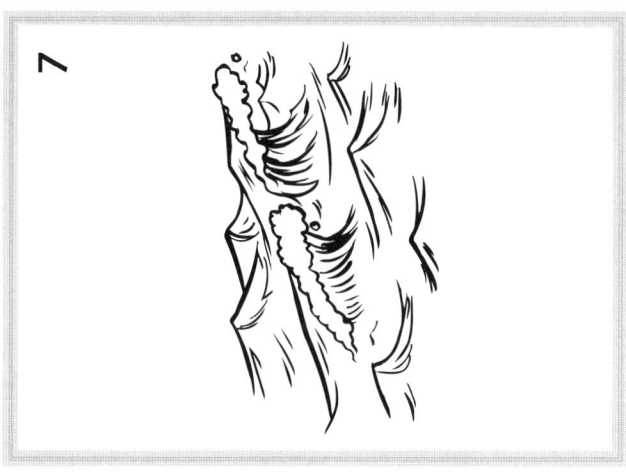

L'apprenti lecteur

Cartes de l'activité 3.2

Le jeu de bataille

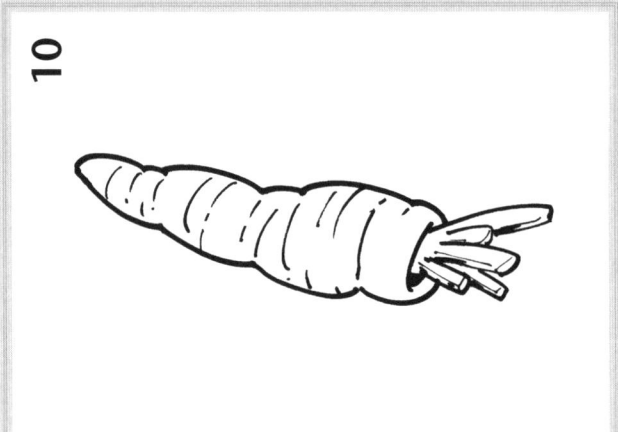
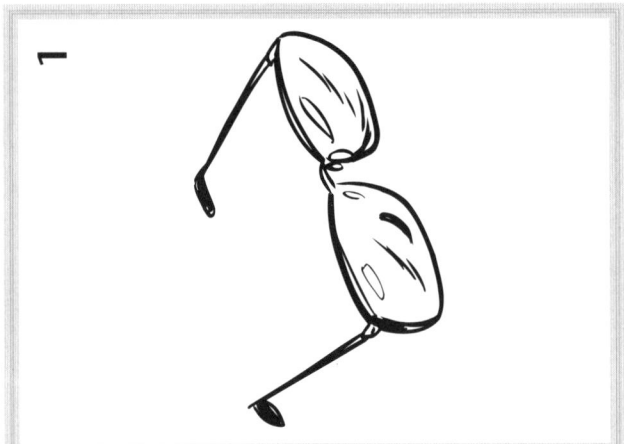

Cartes de l'activité 3.2

Le jeu de bataille

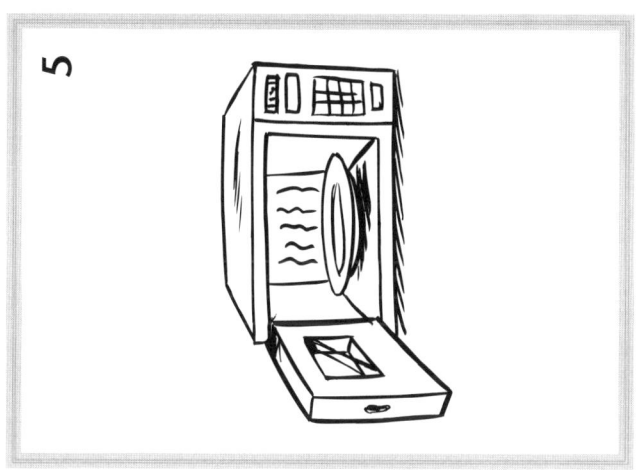
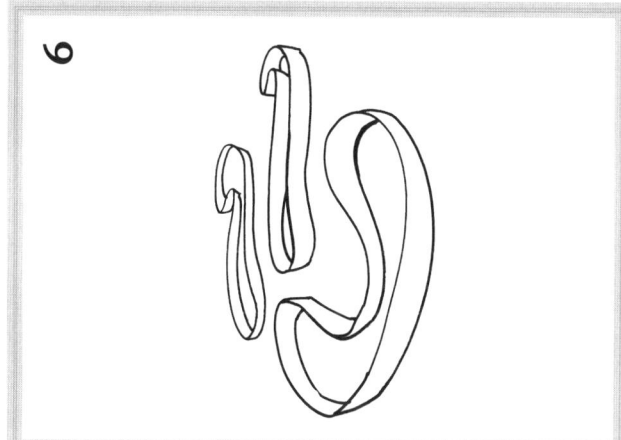
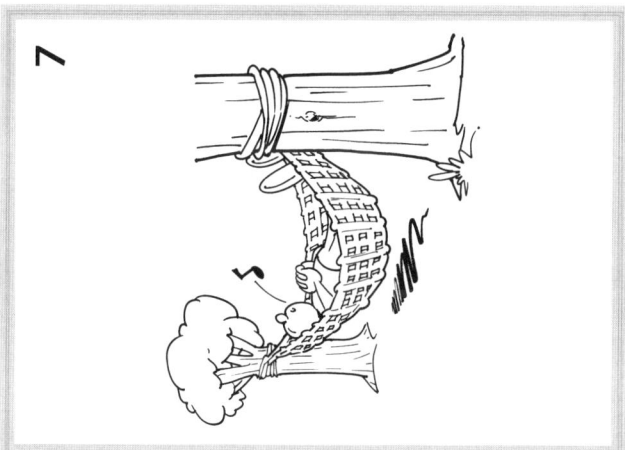

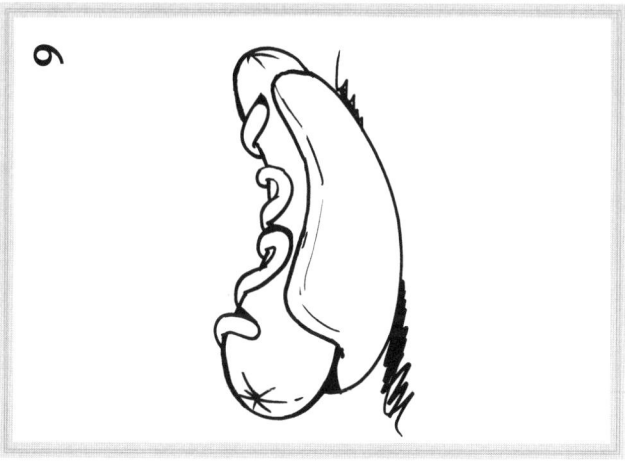
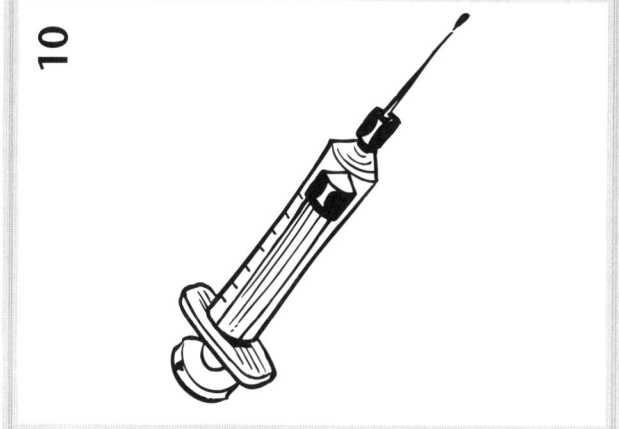

LA CONSCIENCE PHONÉMIQUE

Activité 3.3
Le jeu des rimes

Objectifs visés	• Analyse phonémique • Permettre à l'enfant de juger de la présence d'un phonème dans le mot. • Permettre à l'enfant de comprendre que chaque phonème est organisé de façon séquentielle dans le mot (au début, au milieu et à la fin). • Permettre à l'enfant d'analyser et de juger si deux mots riment ou non.
Matériel	• Des cartes du jeu de bataille de l'activité 3.2 : les mots se terminant par les voyelles *ou, on, i, a, o* et *an* dans la liste des mots se terminant par une voyelle (voir les pages 68 à 79). • Un dé. • De la colle. • Des séries de phonèmes à découper et à coller sur le dé : ou, on, i, a, o, an.
Déroulement de l'activité	• Reproduisez les phonèmes. • Découpez-les et collez-les sur les faces d'un dé. • Distribuez également les cartes entre les joueurs. • Expliquez à l'enfant ce que signifient deux mots qui riment. • Le premier joueur lance le dé et l'adulte prononce le phonème obtenu. • Le premier joueur vérifie s'il possède dans son jeu une carte qui rime avec le phonème obtenu avec le dé ; si c'est le cas, le joueur peut se débarrasser de cette carte. • Vient ensuite le tour d'un autre joueur. • La partie se termine dès qu'un joueur n'a plus aucune carte.

Remarques	• Certains enfants ont tendance à nommer la dernière syllabe entendue plutôt que le phonème à la fin du mot ; si tel est le cas,
	  – n'utilisez que la série d'images illustrant des mots d'une seule syllabe ;
	  – puis donnez le modèle à l'enfant en nommant le mot tout en prolongeant volontairement la voyelle à la fin du mot. Par exemple, pour le mot *chat*, dites *chaaaaaa-a* ;
	  – une fois que l'enfant aura maîtrisé cette habileté, reprenez l'exercice mais cette fois en incluant les mots de deux et de trois syllabes se terminant par une voyelle.
	• Les activités portant sur la conscience phonémique sont de bons prédicteurs de la réussite de l'apprentissage de la lecture. En effet, les enfants ayant de la difficulté à repérer des phonèmes dans le mot risquent de présenter des difficultés d'apprentissage de la lecture. Entre autres, l'enfant aura de la difficulté à comprendre qu'à chaque son qui compose un mot correspond une lettre ou un groupe de lettres. L'épellation sera donc une tâche difficile.

Planche de l'activité 3.3

Le jeu des rimes

Série de voyelles à découper

ou	on	i	a	o	an

L'apprenti lecteur

LA CONSCIENCE PHONÉMIQUE

Activité 3.4
La recherche de l'intrus

Objectifs visés	• Analyse phonémique • Permettre à l'enfant de juger de la présence d'un phonème dans le mot. • Permettre à l'enfant de comprendre que chaque phonème est organisé de façon séquentielle dans le mot (au début, au milieu et à la fin). • Permettre à l'enfant d'analyser et de juger les rimes.
Matériel	• Les fiches de l'activité 3.4 (voir les pages 93 à 96).; • Des crayons.
Déroulement de l'activité	• Reproduisez les fiches de l'activité. • Expliquez à l'enfant que dans chaque série d'images se trouve un intrus qu'il devra d'abord trouver et ensuite encercler ; l'intrus correspond à l'image illustrant un mot qui ne rime pas avec les autres mots illustrés.
Remarques	• Les rimes se terminant par une voyelle sont plus faciles à reconnaître que celles se terminant par une consonne. Par conséquent, présentez d'abord la première série de rimes. • Les activités portant sur la conscience phonémique sont de bons prédicteurs de la réussite de l'apprentissage de la lecture. En effet, les enfants ayant de la difficulté à identifier des phonèmes dans le mot risquent de présenter des difficultés d'apprentissage de la lecture. Entre autres, l'enfant aura de la difficulté à comprendre qu'à chaque son qui compose un mot correspond une lettre ou un groupe de lettres. L'épellation sera donc une tâche difficile.

Liste des mots illustrés

Rimes se terminant par une voyelle simple

pas, bain, pain	bateau, château, chocolat
pot, seau, sous	barbu, bateau, tortue
fée, clé, lait	fourmi, fusée, épée
lit, lait, scie	poisson, poupée, bonbons
pas, chat, banc	genou, maison, hibou

Rimes se terminant par une consonne

tasse, traces, rat	peinture, confiture, tortue
pomme, bas, gomme	chocolat, balançoire, arrosoir
os, cœur, fleur	allumettes, balai, lunettes
boule, loup, poule	cheval, journal, panda
sous, pouce, mousse	grenouille, citrouille, hibou

Fiche de l'activité 3.4

La recherche de l'intrus

Rimes se terminant par une voyelle simple

  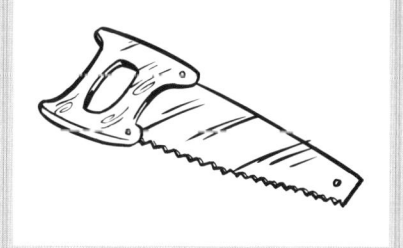

  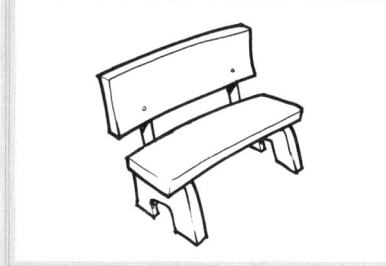

Fiche de l'activité 3.4

La recherche de l'intrus

Rimes se terminant par une voyelle simple

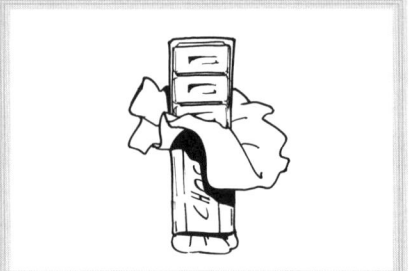

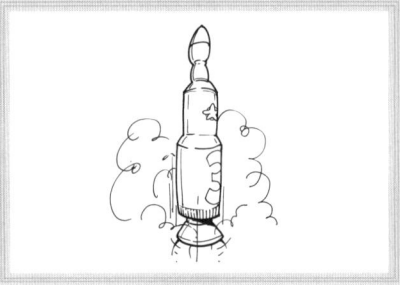

Fiche de l'activité 3.4

La recherche de l'intrus

Rimes se terminant par une consonne

 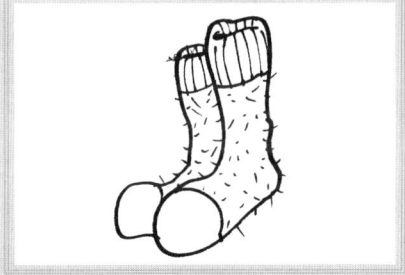 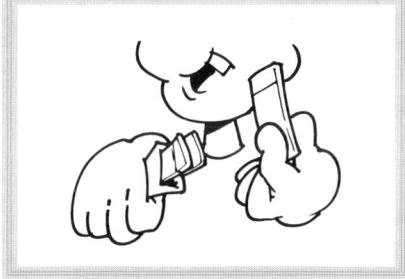

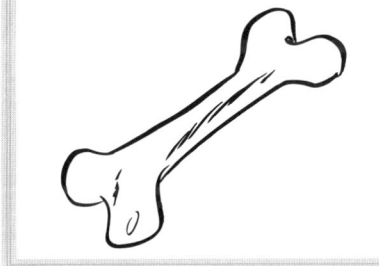  

 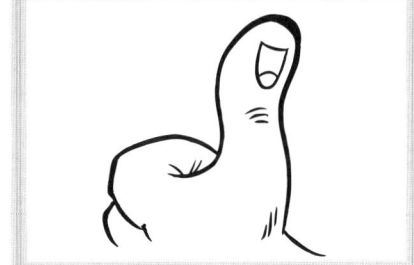 

L'apprenti lecteur

Fiche de l'activité 3.4

La recherche de l'intrus

Rimes se terminant par une consonne

PHONÈMES DANS TOUTES LES POSITIONS

Activité 3.5

3 La localisation d'un phonème dans la syllabe d'un mot

Objectifs visés	• Analyse phonémique • Permettre à l'enfant d'identifier et de localiser un phonème dans la syllabe d'un mot. • Permettre à l'enfant de travailler les termes relatifs à la notion de séquence : le *début*, l'*intérieur* et la *fin* d'un mot, tant sur le plan auditif que sur le plan visuo-spatial.
Matériel	• Les planches de l'activité 3.5 (voir les pages 99 à 112). • Des rayons.
Déroulement de l'activité	• Reproduisez les planches de l'activité. • Montrez à l'enfant le premier rectangle qui se situe au-dessous de l'image à gauche, et expliquez-lui qu'il s'agit du début du mot. Faites de même pour le rectangle du milieu, en lui expliquant cette fois-ci qu'il s'agit de l'intérieur du mot. Enfin, expliquez que le rectangle de droite correspond à la fin du mot. • Demandez ensuite à l'enfant de vous montrer où est le début, l'intérieur et la fin du mot pour vous assurer qu'il a bien compris. • Prononcez le son cible pour l'enfant, puis nommez la première image et demandez à l'enfant de faire une croix dans le rectangle correspondant à la localisation du son dans la syllabe d'un mot. Par exemple, si le son cible se situe au début du mot (dans la première syllabe), l'enfant devra faire une croix dans le premier rectangle (celui de gauche). Exemple 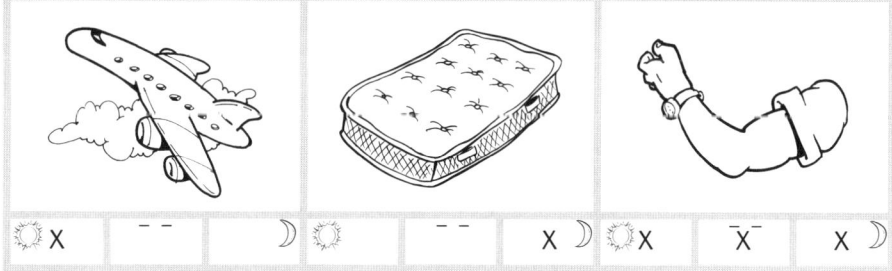
Liste des mots illustrés	Phonème *a* : avion, allumettes, pantalon, canard, matelas, bras Phonème *e* : œuf, œil, requin, beurre, cheminée, chenille Phonème *i* : igloo, hibou, girafe, pirate, céleri, nid Phonème *o* : auto, otarie, moto, locomotive, gâteau, château Phonème *u* : ustensiles, allumettes, fusée, rue, tortue, tulipe Phonème *é* : étoiles, éléphant, télévision, pétard, épée, clé Phonème *è* : ailes, escargot, araignée, laitue, balai, lait Phonème *an* : enveloppes, ange, lampe, pantalon, vent, banc

L'apprenti lecteur

Phonème *eu* : heureux, œufs, feu, jeu, cheveux, pneu
Phonème *in* : indien, insecte, épingle, peinture, pain, bain
Phonème *oi* : oiseau, poire, poisson, roi, pois, croix
Phonème *on* : ombrelle, ongle, montre, montagne, cochon, pont
Phonème *ou* : outils, ours, souris, poule, loup, hibou
Phonème *ll* : yo-yo, yogourt, crayon, foyer, quille, famille
Phonème *f* : feu, fusée, dauphin, plafond, œuf, girafe
Phonème *v* : voiture, vache, cheval, avion, locomotive, conserve
Phonème *s* : scie, sapin, poisson, bicyclette, tasse, pouce
Phonème *z* : zèbre, zoo, poison, maison, rose, église
Phonème *ch* : chat, chiens, cochon, fourchette, vache, mouche
Phonème *j* : jus, girafe, bijoux, pyjama, garage, ange
Phonème *t* : toit, tente, tortue, autobus, bottes, flûte
Phonème *d* : doigt, dents, cadeau, sandales, coude, corde
Phonème *p* : pain, paon, lapin, pépins, soupe, lampe
Phonème *b* : bain, banc, hibou, tambour, jambe, cubes
Phonème *k* : cou, queue, locomotive, écureuil, sac, phoque
Phonème *g* : gâteau, garage, pingouin, cigarette, bague, orgue
Phonème *gn* : beigne, oignon, agneau, araignée, peigne, signature
Phonème *nié* : panier, grenier, jardinier, cordonnier, cuisinier, poissonnier

La localisation d'un phonème dans la syllabe d'un mot

Phonème *a*

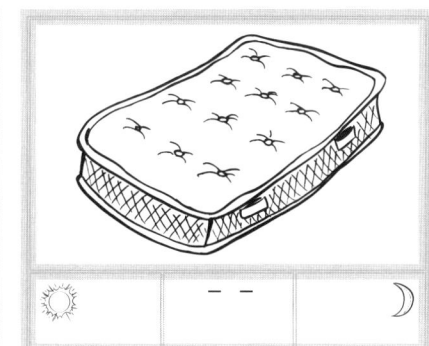
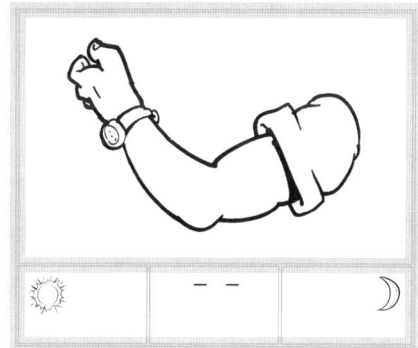

Phonème *e*

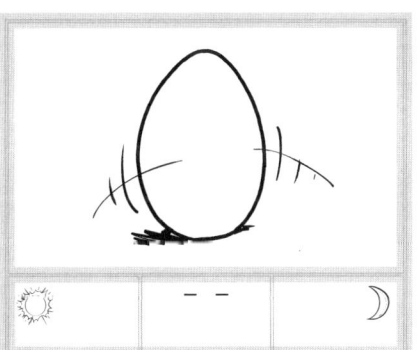

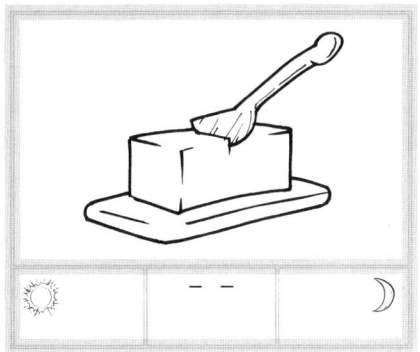
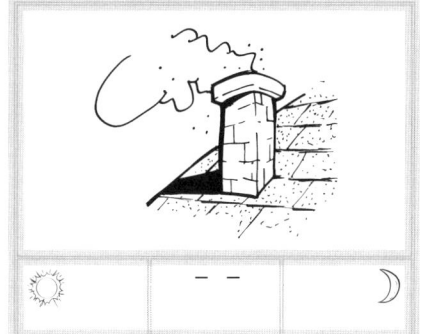

Planche de l'activité 3.5

La localisation d'un phonème dans la syllabe d'un mot

Phonème i

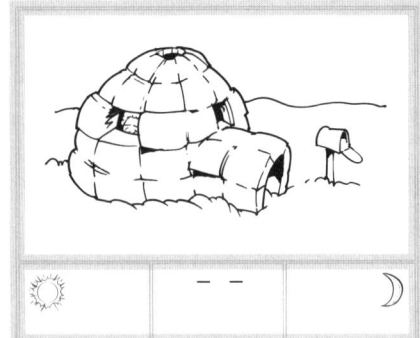

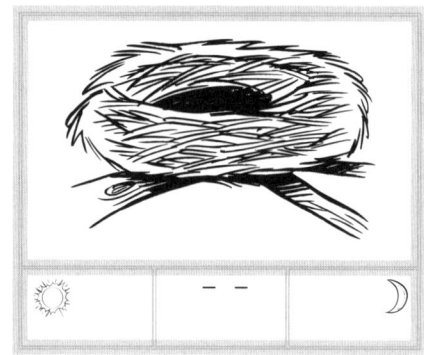

Phonème o

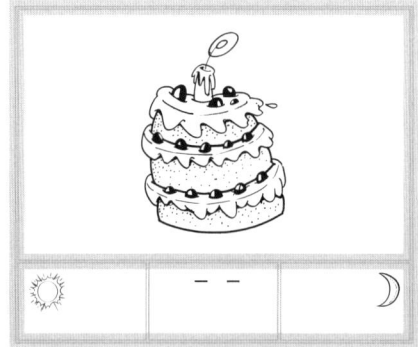
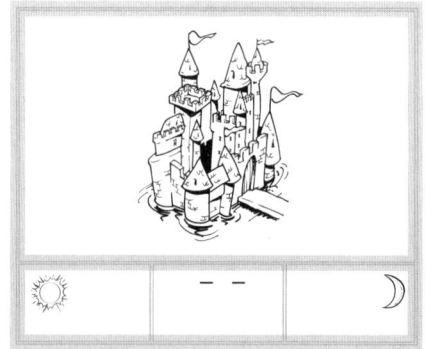

Planche de l'activité 3.5

La localisation d'un phonème dans la syllabe d'un mot

Phonème *u*

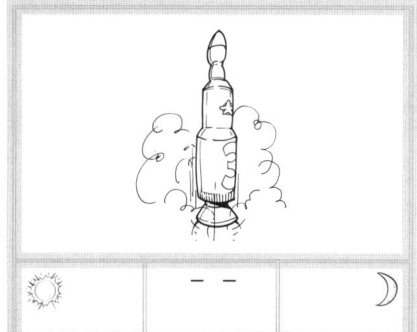
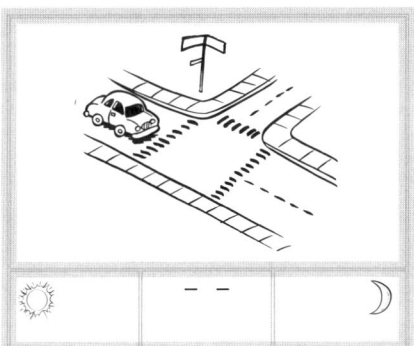

Phonème *é*

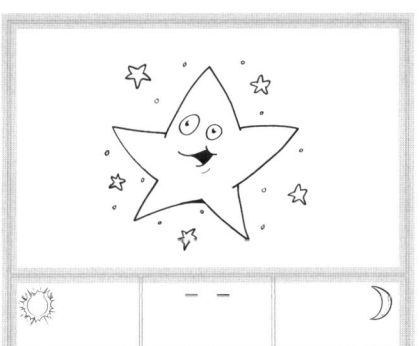

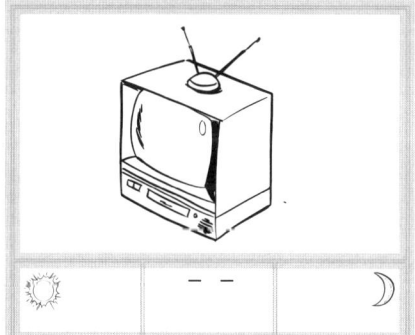

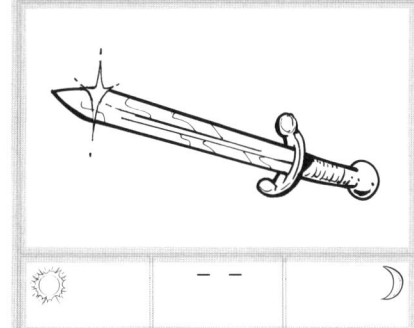
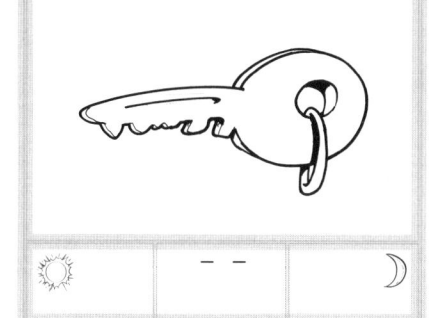

L'apprenti lecteur

Planche de l'activité 3.5

La localisation d'un phonème dans la syllabe d'un mot

Phonème è

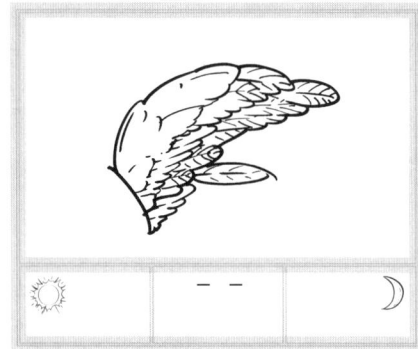
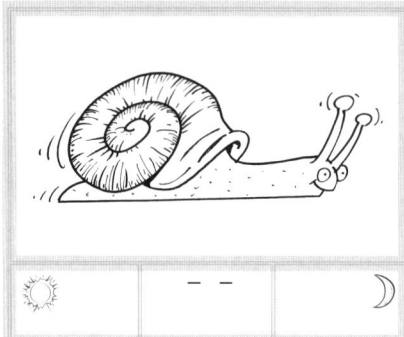

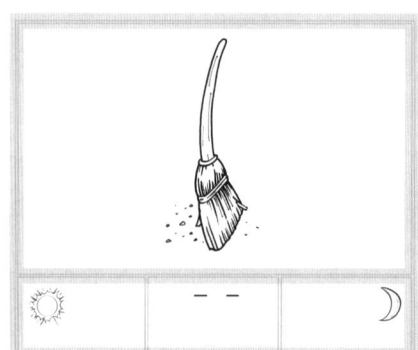

Phonème an

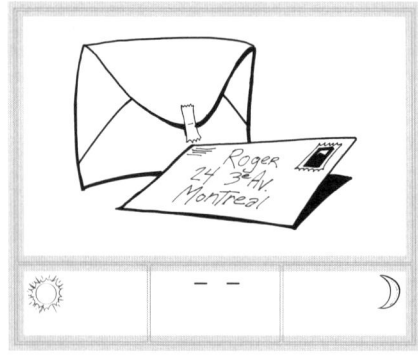

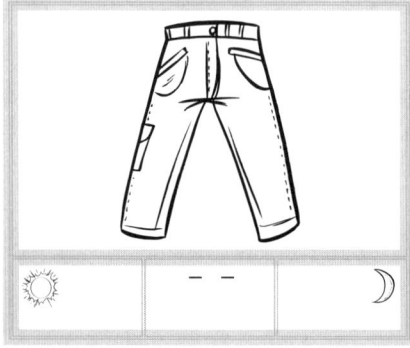

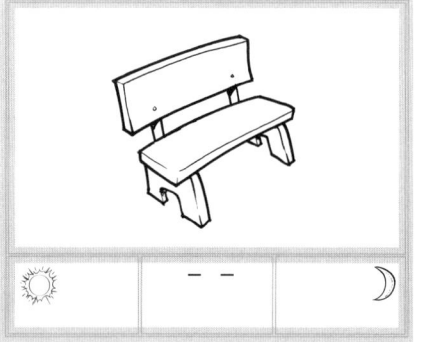

Planche de l'activité 3.5

La localisation d'un phonème dans la syllabe d'un mot

Phonème *eu*

 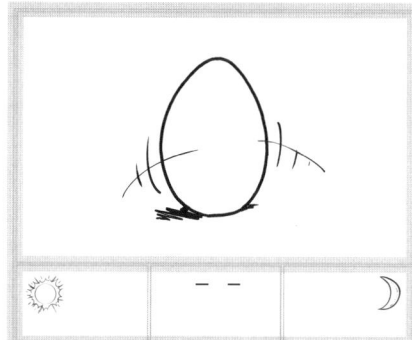 

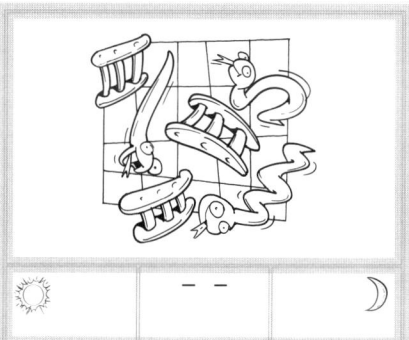  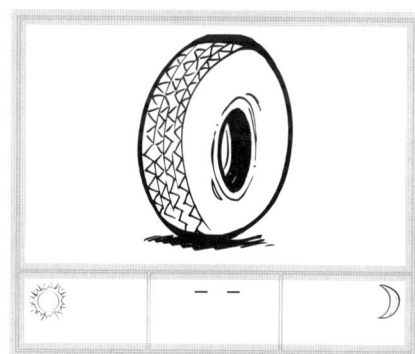

Phonème *in*

 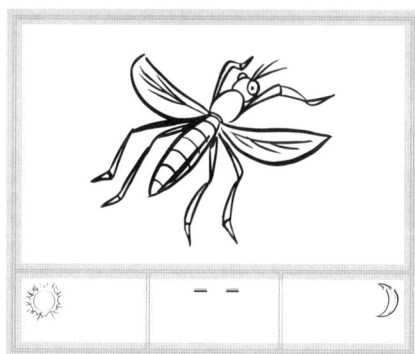 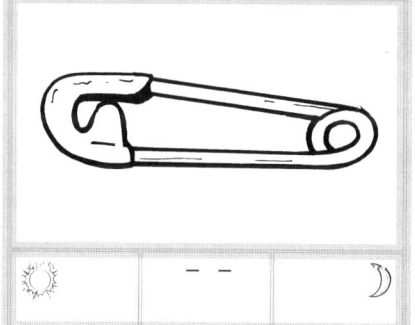

  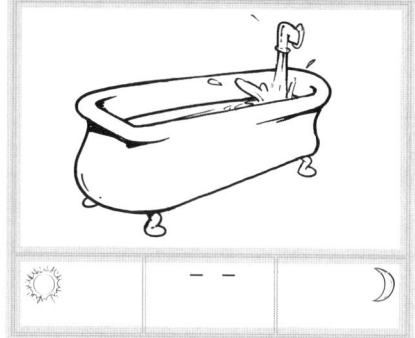

Planche de l'activité 3.5

La localisation d'un phonème dans la syllabe d'un mot

Phonème *oi*

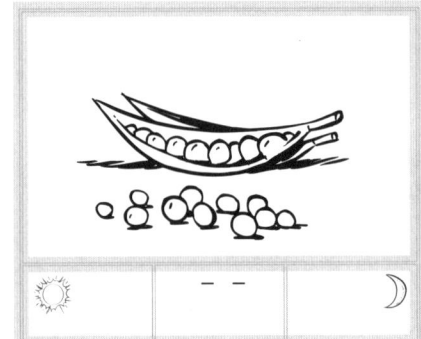

Phonème *on*

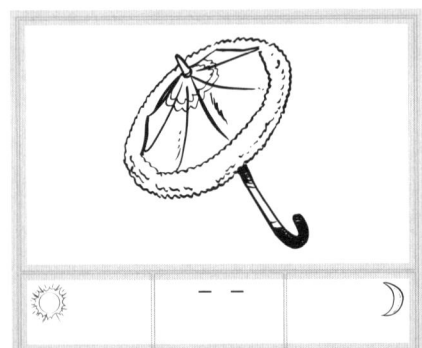
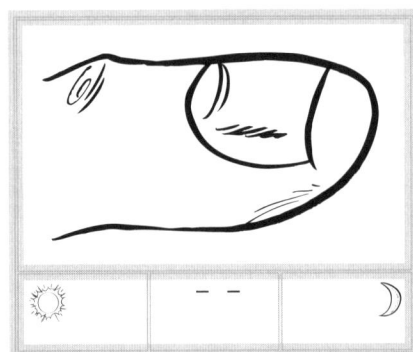
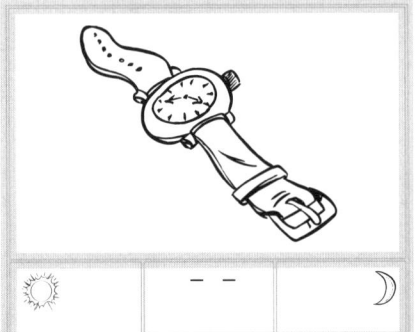

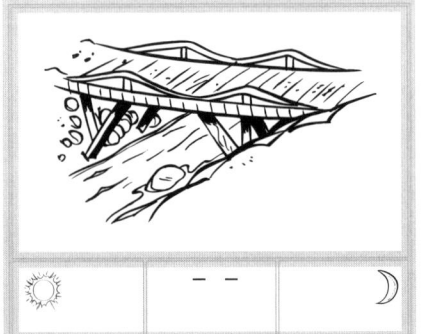

La localisation d'un phonème dans la syllabe d'un mot

Phonème *ou*

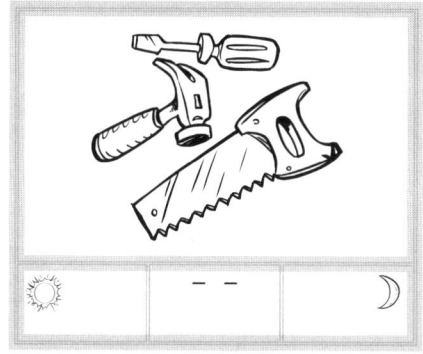

Phonème *ll*

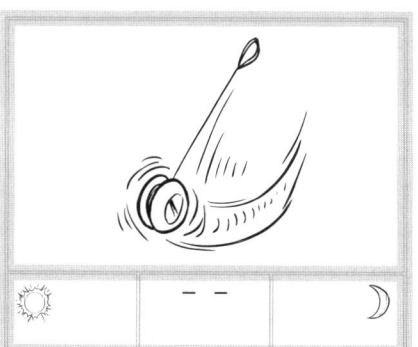
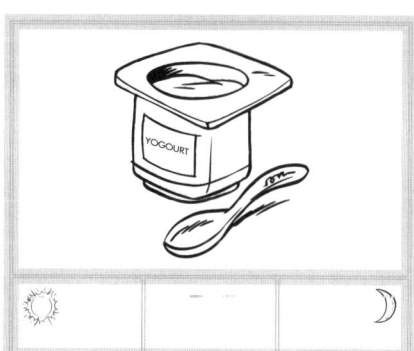
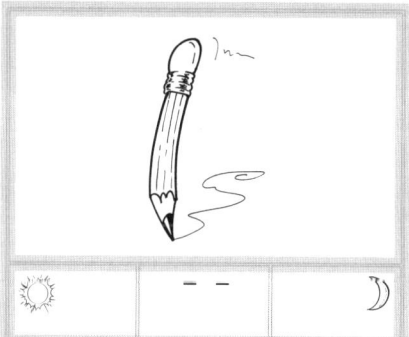

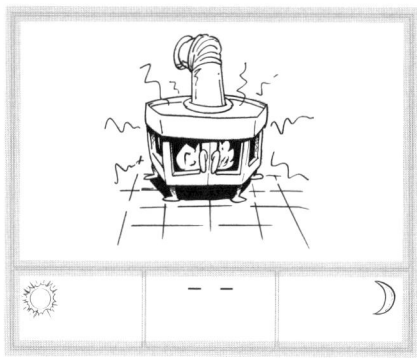

Planche de l'activité 3.5

La localisation d'un phonème dans la syllabe d'un mot

Phonème f

 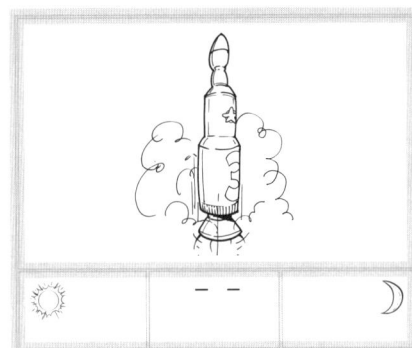 

Phonème v

  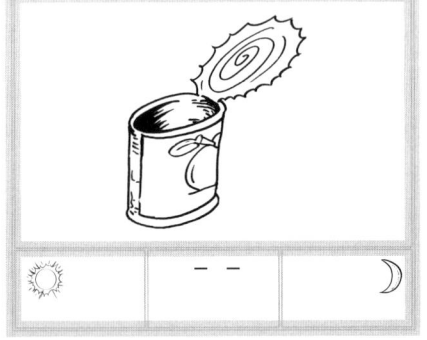

Planche de l'activité 3.5

La localisation d'un phonème dans la syllabe d'un mot

Phonème s

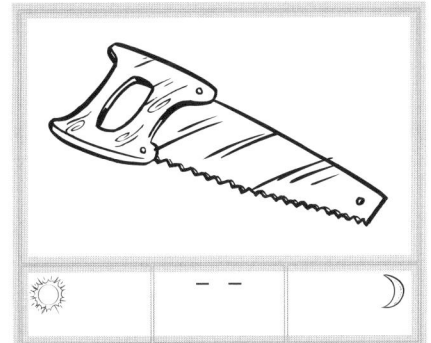

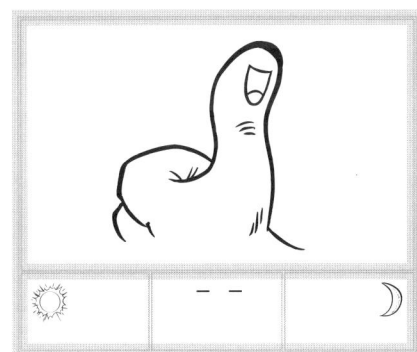

Phonème z

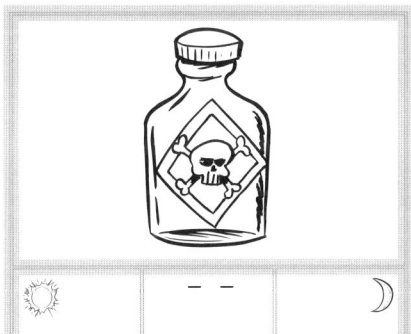

Planche de l'activité 3.5

La localisation d'un phonème dans la syllabe d'un mot

Phonème *ch*

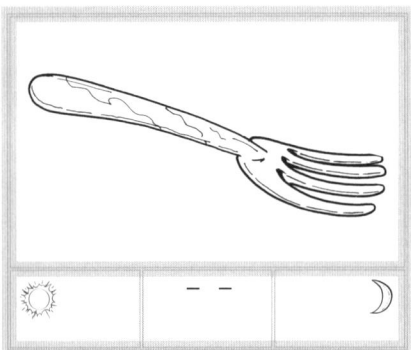

Phonème *j*

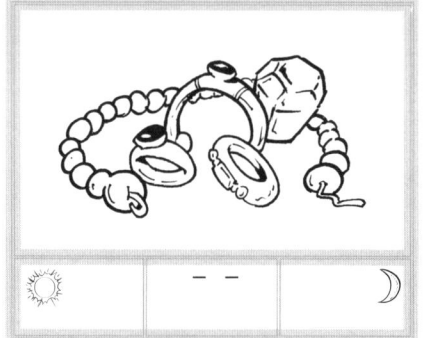
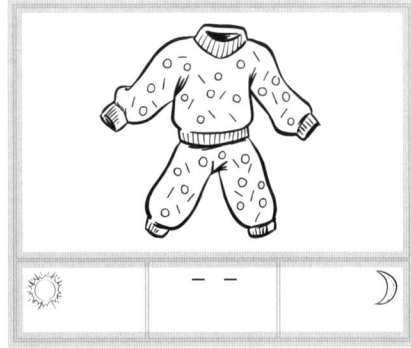
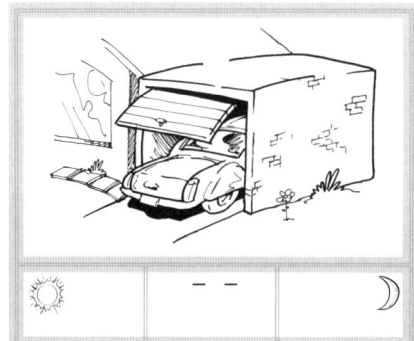

Planche de l'activité 3.5

La localisation d'un phonème dans la syllabe d'un mot

Phonème *t*

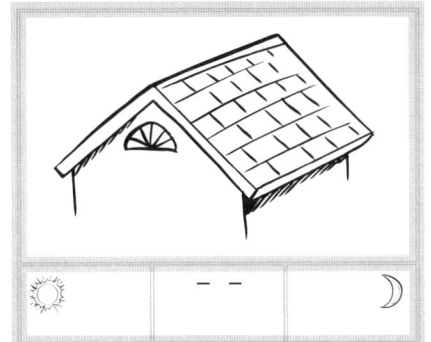

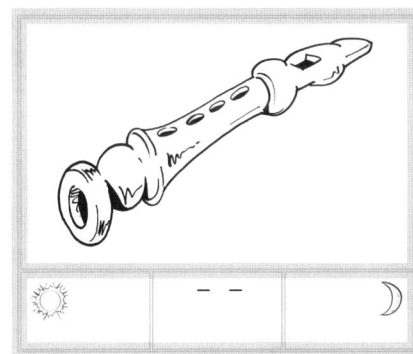

Phonème *d*

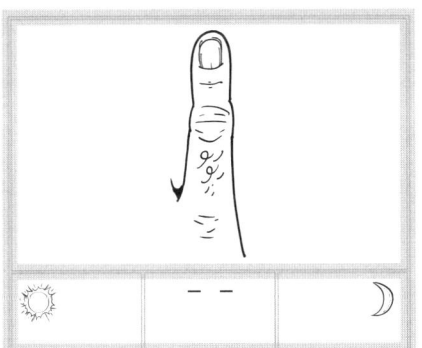
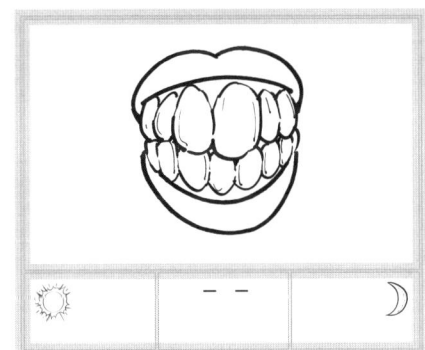
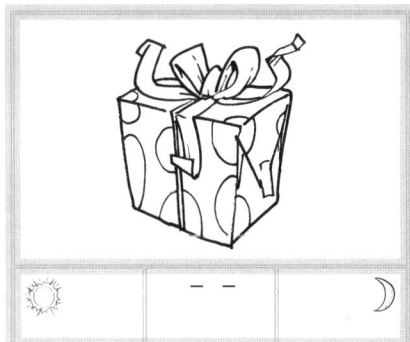
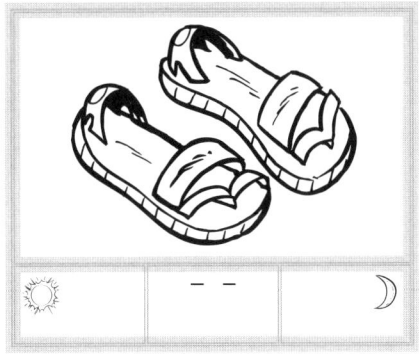
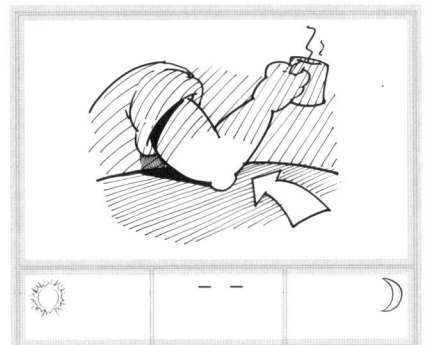

L'apprenti lecteur

Planche de l'activité 3.5

La localisation d'un phonème dans la syllabe d'un mot

Phonème *p*

Phonème *b*

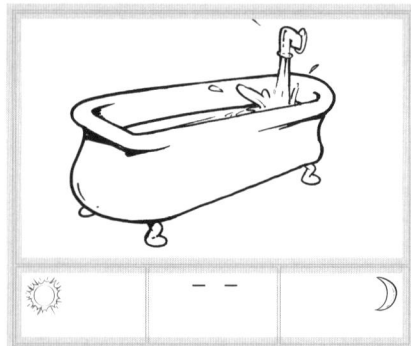
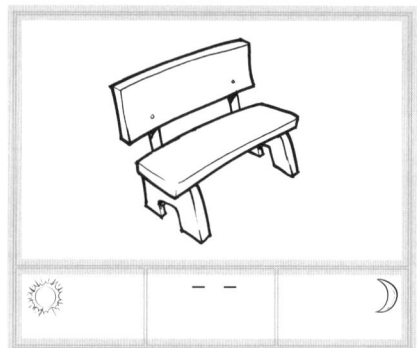

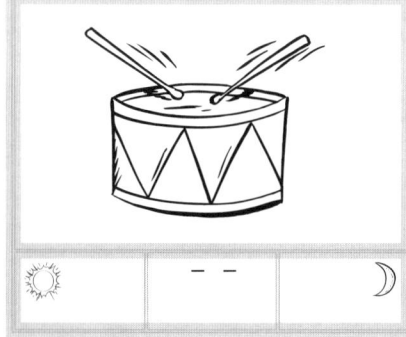
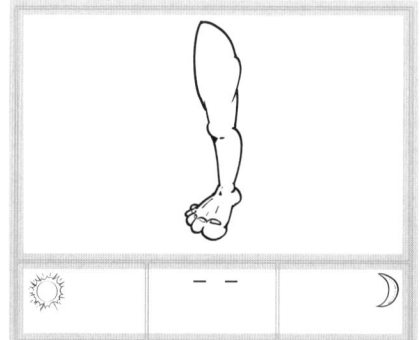
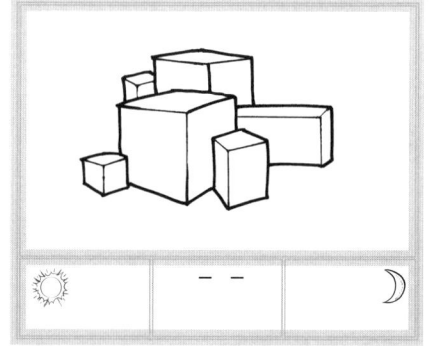

Planche de l'activité 3.5

La localisation d'un phonème dans la syllabe d'un mot

Phonème *k*

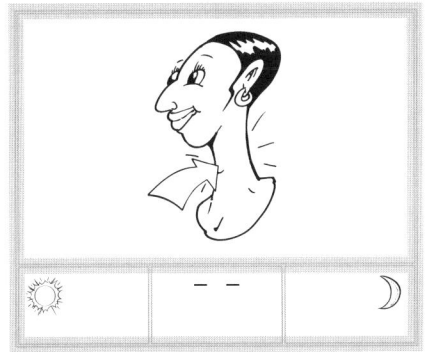

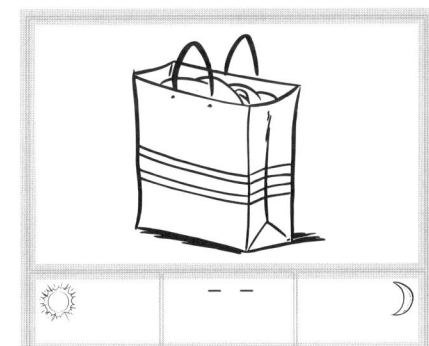

Phonème *g*

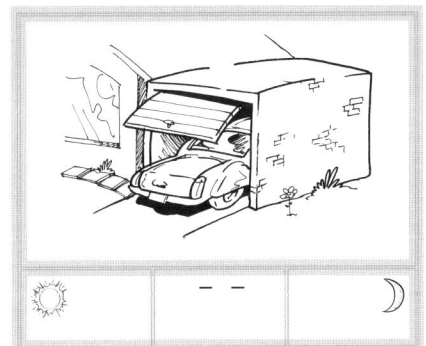

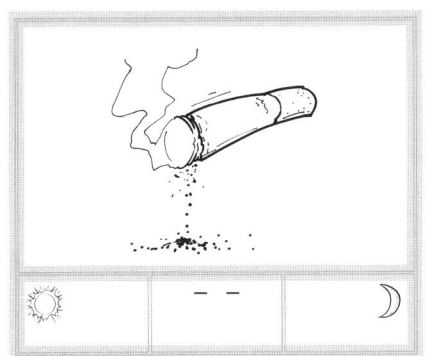
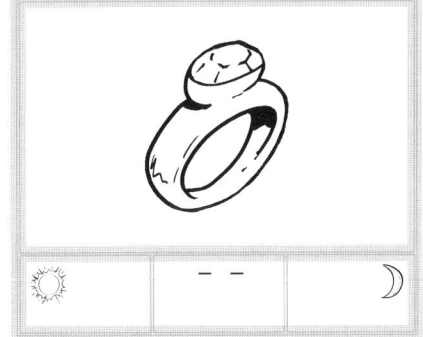
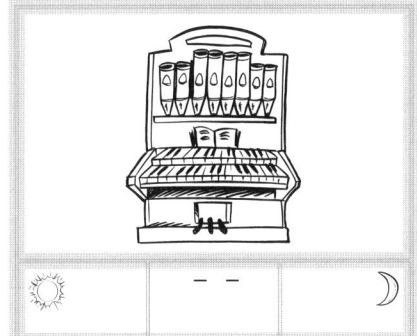

L'apprenti lecteur

La localisation d'un phonème dans la syllabe d'un mot

Phonème *gn*

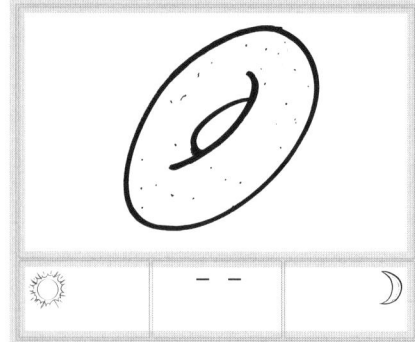 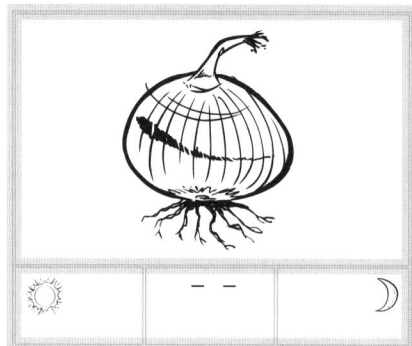 

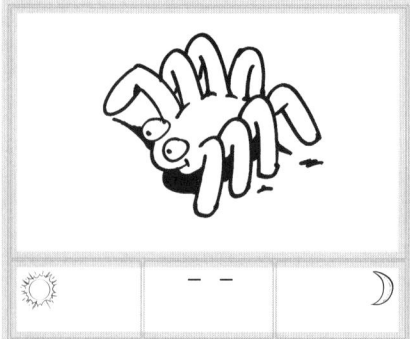 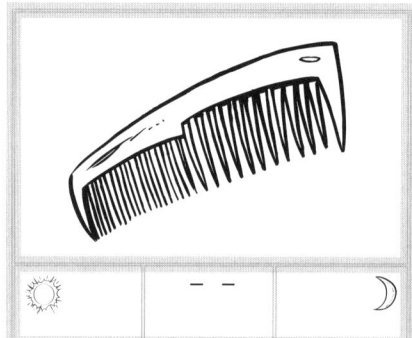 

Phonème *nié*

 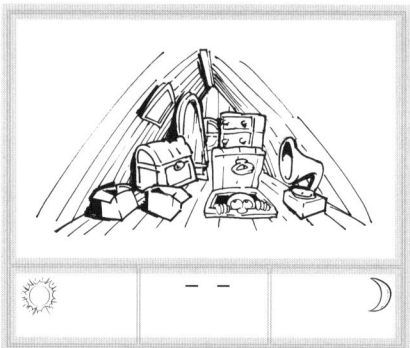 

LA CONSCIENCE PHONÉMIQUE

Activité 3.6

Le jeu de loto

Objectifs visés	• Analyse phonémique • Permettre à l'enfant de juger de la présence d'un phonème dans le mot. • Permettre à l'enfant de comprendre que chaque phonème est organisé de façon séquentielle dans le mot (au début, à l'intérieur et à la fin). • Permettre à l'enfant d'analyser et de juger de la présence d'un son dans le mot.
Matériel	• Le jeu de loto à confectionner à partir des planches de l'activité 3.5 (voir les pages 100 à 113). • Un sac.
Déroulement de l'activité	• Confectionnez le jeu de loto. • Sélectionnez les planches correspondant aux phonèmes pour lesquels l'enfant a de la difficulté. Par exemple, si l'enfant confond le phonème *t* avec le phonème *d*, vous devrez choisir les planches correspondantes. • Le jeu se joue selon la règle classique du jeu de loto. Toutefois, faites remarquer à l'enfant que chaque planche de jeu regroupe des images représentant des mots contenant un son cible.
Remarques	• Nommez chacune des images contenues dans le sac, même lorsque c'est au tour de l'enfant de le faire, afin de permettre à ce dernier de se concentrer uniquement sur l'habileté à développer. • Les activités portant sur la conscience phonémique sont de bons prédicteurs de la réussite de l'apprentissage de la lecture. En effet, les enfants ayant de la difficulté à reconnaître des phonèmes dans le mot risquent d'éprouver des difficultés d'apprentissage de la lecture. Entre autres, l'enfant aura de la difficulté à comprendre qu'à chaque son qui compose un mot correspond une lettre. L'épellation sera donc une tâche difficile.

LA CONSCIENCE PHONÉMIQUE

Activité 3.7

La segmentation de phonèmes dans le mot

Objectifs visés	• Segmentation phonémique • Permettre à l'enfant d'introduire ou de consolider la correspondance entre le son et la lettre.
Matériel	• Les fiches de l'activité 3.7 (voir les pages 117 à 127). • Des crayons.
Déroulement de l'activité	• Reproduisez les fiches de l'activité. • Montrez à l'enfant la première image de la fiche composée de mots de deux phonèmes. • Montrez-lui ensuite le premier cercle, celui qui se situe à gauche au-dessous de la première image, et expliquez-lui qu'il s'agit du début du mot. C'est dans ce premier cercle qu'il entendra le premier son du mot lorsque vous le prononcerez. • Faites de même pour le deuxième cercle, en expliquant cette fois à l'enfant qu'il s'agit de la fin du mot. C'est dans ce deuxième cercle qu'il entendra le dernier son du mot lorsque vous le prononcerez. • Nommez la première image en prenant soin de bien articuler chaque son. Lorsque vous prononcez le premier son du mot, indiquez avec votre doigt le premier cercle. Puis, lorsque vous prononcez le dernier son du mot, désignez le dernier cercle. • Demandez à l'enfant de refaire le même exercice jusqu'à ce qu'il le maîtrise. • Demandez ensuite à l'enfant d'indiquer le son qu'il entend dans le premier cercle, donc au début du mot. Puis répétez l'exercice avec le dernier cercle pour la fin du mot. • Lorsque l'enfant aura maîtrisé la segmentation des mots de deux phonèmes, poursuivez avec les fiches illustrant des mots de trois et enfin de quatre phonèmes. Exemples

Remarques	• Pour cette activité, il est important de prononcer les phonèmes qui composent les mots et non les lettres correspondant aux phonèmes. Par exemple, les phonèmes du mot *fée* sont *ffff-é* et non pas *èf-é*. • Pour les enfants de maternelle, cette activité permet d'introduire la notion de lettres et permet également de faire le lien entre les lettres et les sons des lettres.
Liste des 40 mots illustrés qui sont composés de deux phonèmes	roue, rue, riz, fée, scie, mi, lit, loup, rond, pou, sous, pont, sang, vent, fou, feu, cou, œuf, ailes, âne, chat, pain, bain, banc, toit, dés, dents, pot, seau, main, dos, gants, nez, pas, bas, lait, os, jeu, nœud, zoo, île
Liste des 68 mots illustrés qui sont composés de trois phonèmes	sel, laine, ours, jours, four, beurre, tente, ange, lune, coude, chiens, chiot, colle, lampe, soupe, pipe, jambe, cubes, mouche, phoque, tuque, langue, vague, hibou, pneu, colle, train, ville, lame, épée, arc, verre, sac, soupe, reine, robe, jupe, pelle, pomme, poule, bague, bottes, tasse, coq, bras, vache, jouets, boule, clous, clé, bœuf, tasse, pouce, rose, cœur, roche, bouche, neige, cage, poire, pelle, balle, gomme, canne, ongle, bras, trou, arc
Liste des 56 mots illustrés qui sont composés de quatre phonèmes	image, igloo, hiver, automne, oursin, ourson, fusée, fusil, sapin, savon, tipi, château, gâteau, chameau, jambon, jumeaux, requin, raisins, robot, poulet, pinceau, ballon, tapis, dauphin, couteau, cochon, maison, souris, bateau, divan, poupée, tissus, genou, traces, briques, trompe, mouton, bouton, flûte, plume, corde, lacet, orange, griffes, brosse, tranche, crabe, plume, fleur, boucle, blocs, cornes, corde, barque, tarte, barbe

Fiche de l'activité 3.7

La segmentation de phonèmes dans le mot

Mots de deux phonèmes

 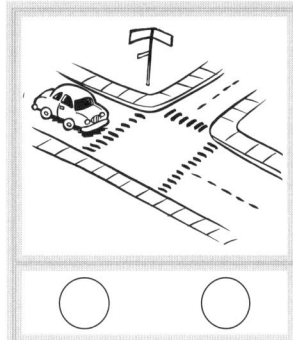  

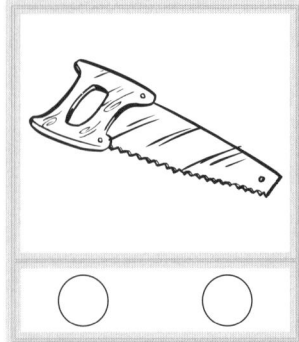  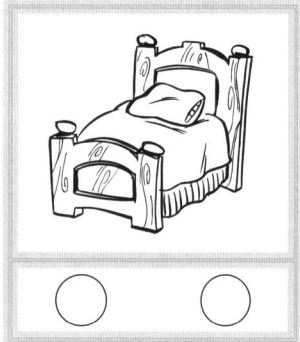 

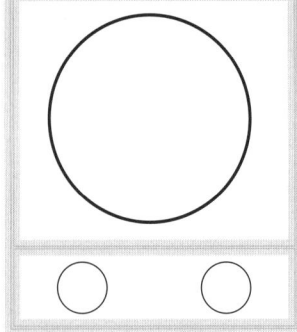 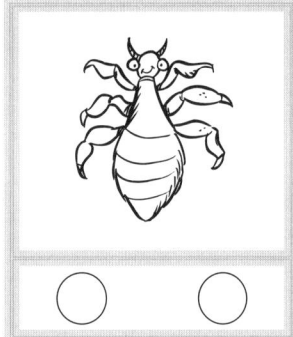  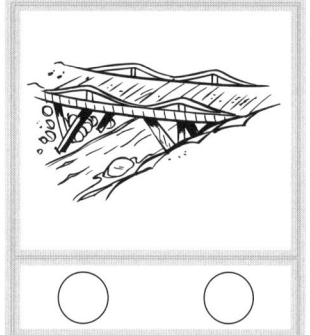

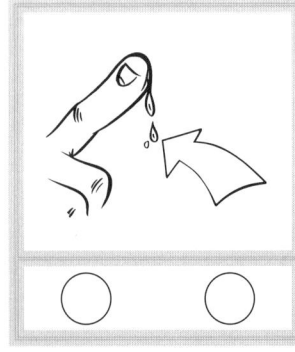   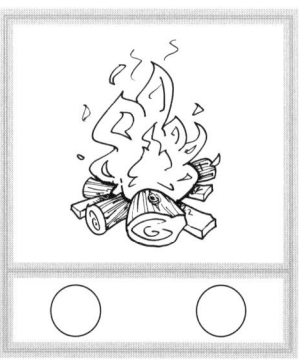

Fiche de l'activité 3.7

La segmentation de phonèmes dans le mot

Mots de deux phonèmes

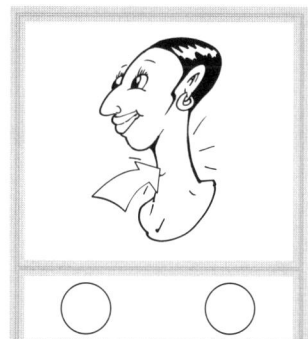 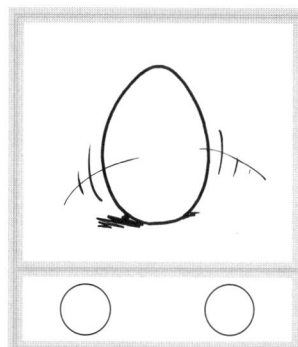 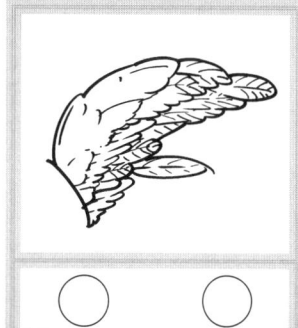 

   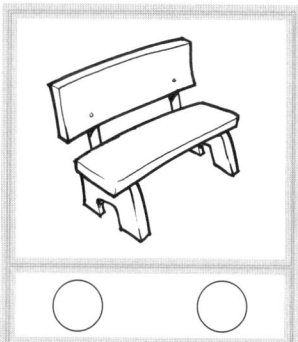

  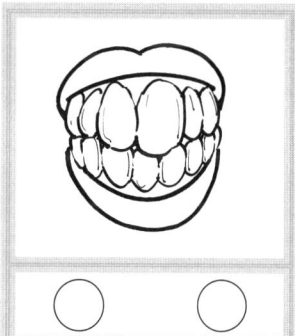 

 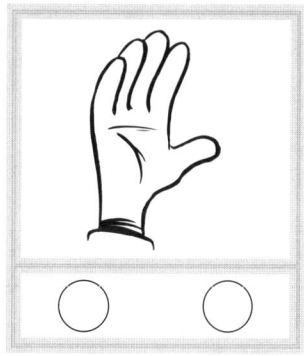  

L'apprenti lecteur   **119**

Fiche de l'activité 3.7

La segmentation de phonèmes dans le mot

Mots de deux phonèmes

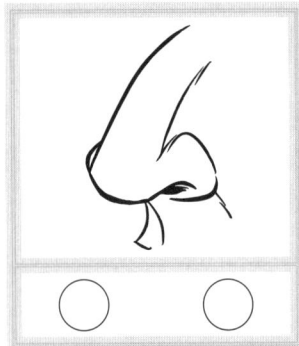
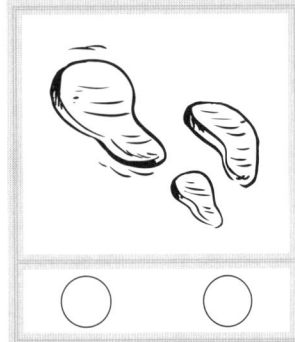
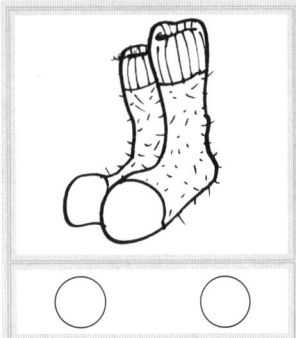
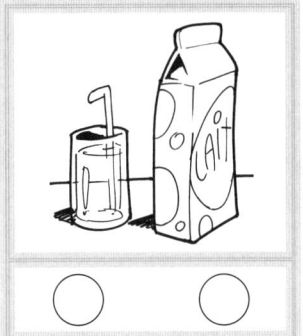

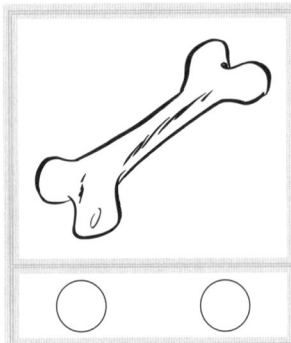
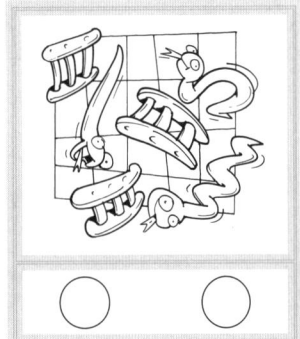

Mots de trois phonèmes

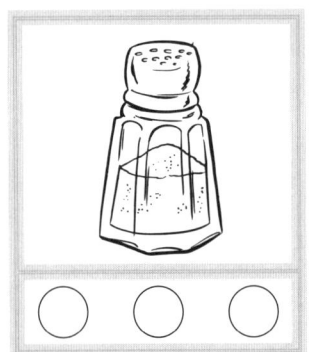

Fiche de l'activité 3.7

La segmentation de phonèmes dans le mot

Mots de trois phonèmes

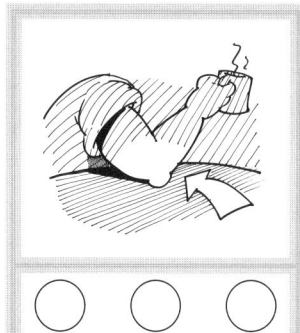

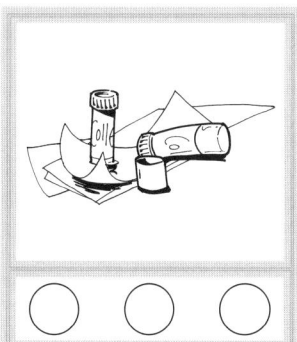

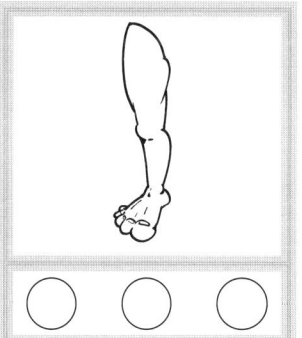
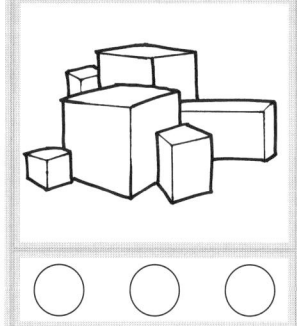
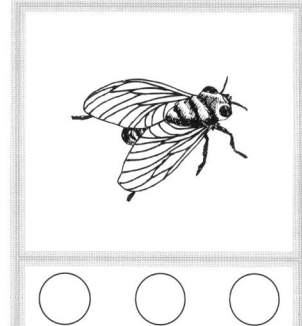

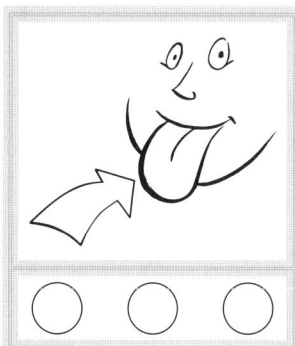

L'apprenti lecteur

Fiche de l'activité 3.7

La segmentation de phonèmes dans le mot

Mots de trois phonèmes

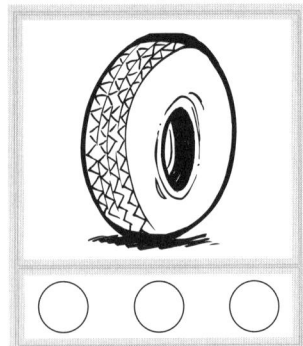
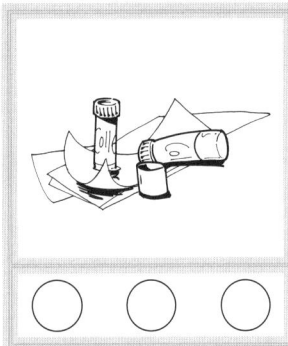
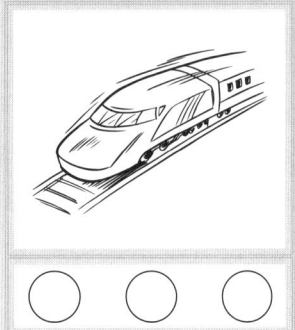

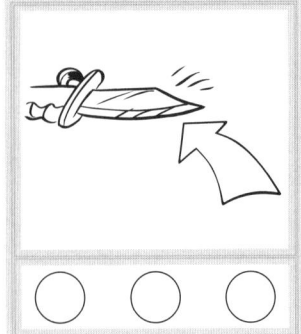
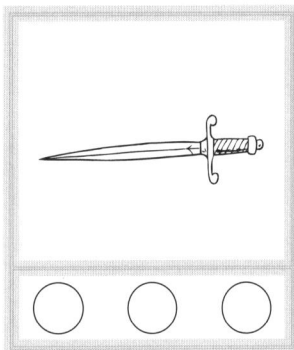
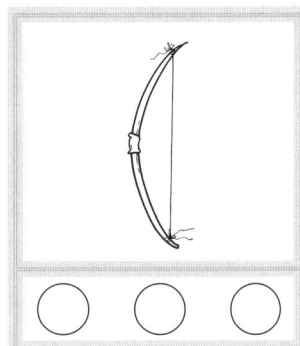

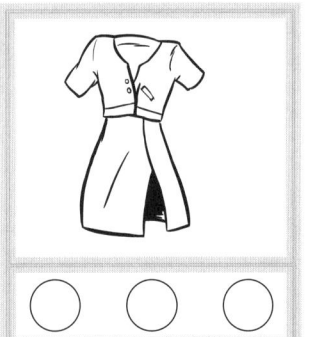

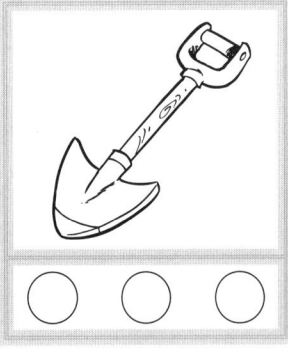

Fiche de l'activité 3.7

La segmentation de phonèmes dans le mot

Mots de trois phonèmes

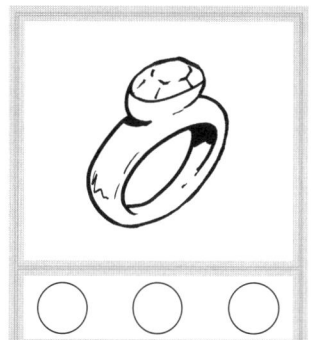   

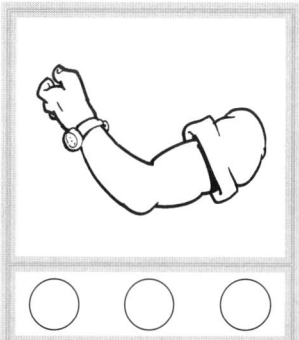   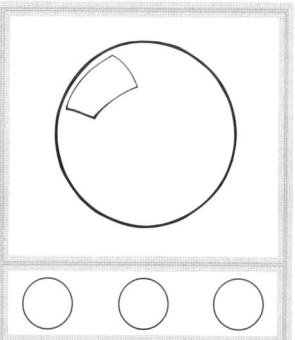

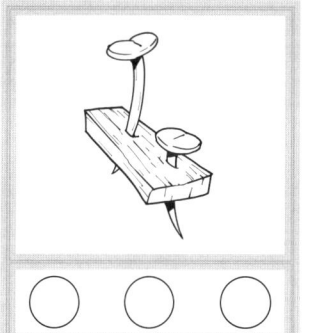 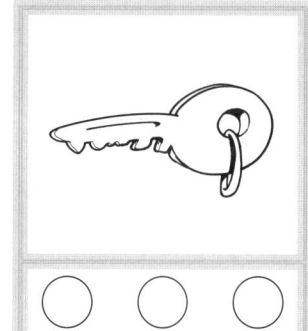  

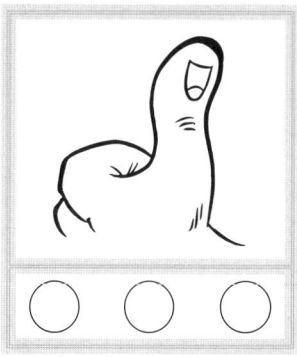   

L'apprenti lecteur

Fiche de l'activité 3.7

La segmentation de phonèmes dans le mot

Mots de trois phonèmes

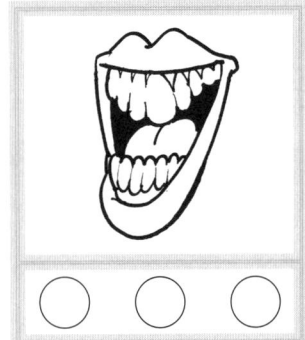

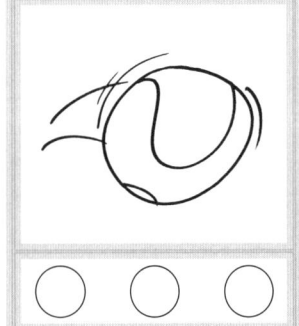

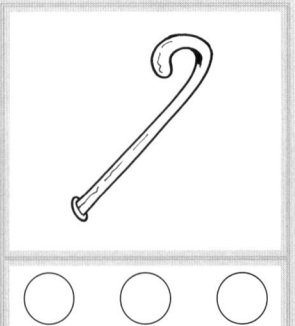
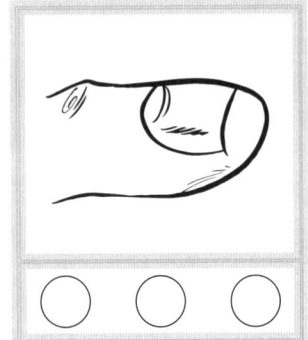
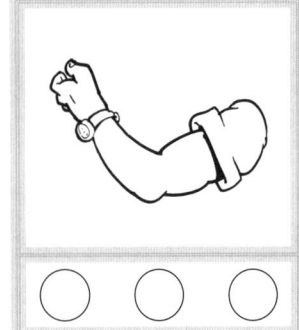
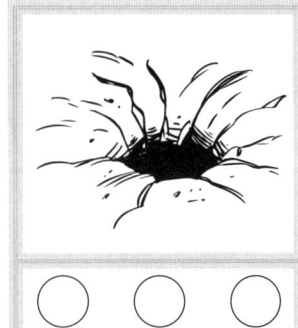
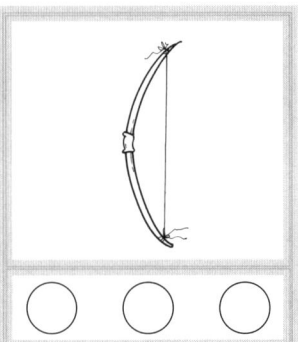

Fiche de l'activité 3.7

La segmentation de phonèmes dans le mot

Mots de quatre phonèmes

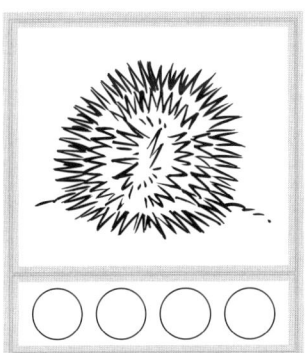  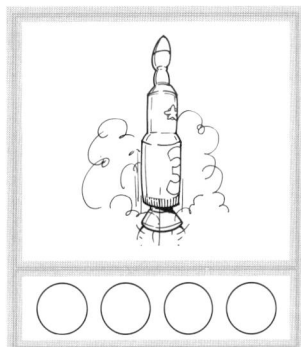 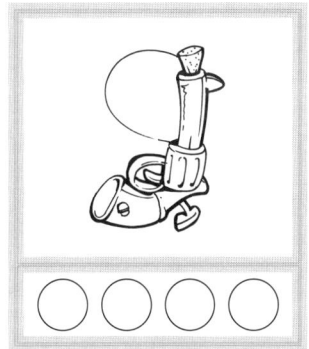

L'apprenti lecteur

La segmentation de phonèmes dans le mot

Mots de quatre phonèmes

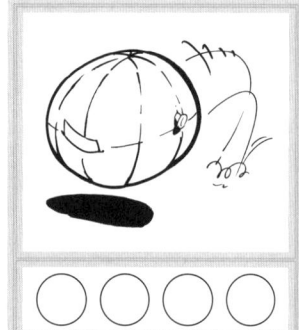

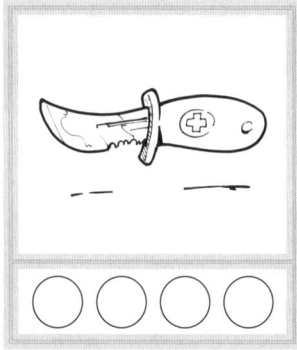

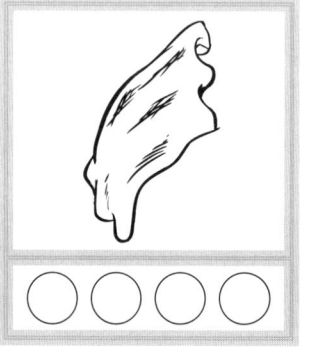

Fiche de l'activité 3.7

La segmentation de phonèmes dans le mot

Mots de quatre phonèmes

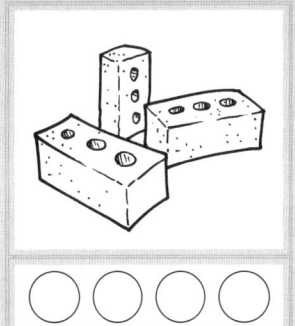

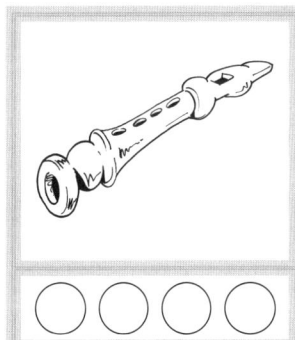

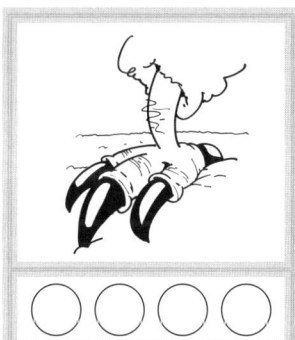

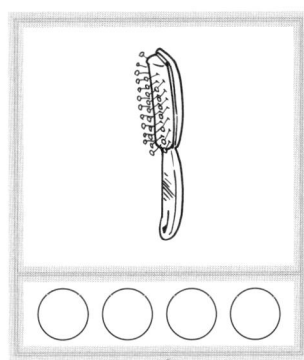

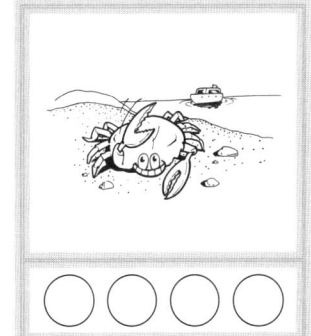

L'apprenti lecteur

Fiche de l'activité 3.7

La segmentation de phonèmes dans le mot

Mots de quatre phonèmes

  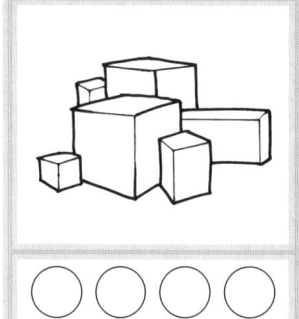 

 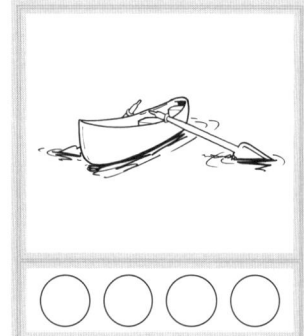  

LA CONSCIENCE PHONÉMIQUE

Activité 3.8

La segmentation de phonèmes dans un non-mot

Objectifs visés	• Segmentation phonémique • Permettre à l'enfant d'identifier chacun des phonèmes que compose un non-mot. • Permettre à l'enfant de consolider la correspondance entre le son et la lettre. • Permettre à l'enfant d'améliorer sa mémoire verbale.
Matériel	• Des feuilles comportant des cercles (voir les pages 129 à 132).

Déroulement de l'activité	• Reproduisez les feuilles comportant des cercles.
	• Cette activité se déroule de la même manière que la précédente mais, cette fois, à l'aide de non-mots.
	• Nommez tout d'abord un non-mot de deux phonèmes et reprenez les étapes de l'activité précédente. Commencez l'activité en utilisant uniquement des consonnes «élastiques», soit f, v, s, ch, f et r. Une fois l'habileté maîtrisée, vous pouvez alors utiliser des consonnes «non élastiques».
	• Lorsque l'enfant maîtrisera la segmentation de non-mots composés de deux phonèmes, passez à l'écrit:
	   – Demandez à l'enfant d'écrire le mot. Faites-lui remarquer qu'à chaque cercle doit correspondre un et un seul son. Par exemple, si l'enfant doit segmenter et écrire le non-mot *ouv*, le premier cercle et le deuxième cercle devront contenir respectivement les lettres *ou* et *v*. Lorsque l'enfant aura maîtrisé la segmentation et l'écriture des non-mots de deux phonèmes, poursuivez l'exercice à l'aide de non-mots de trois, de quatre et de six phonèmes.
	• Poursuivez l'activité en utilisant des non-mots de trois, de quatre et de six phonèmes.
	Exemples
	Non-mots de deux phonèmes: *af, si*
	   (a)(f) (s)(i)
	Non-mots de trois phonèmes: *afi, rul*
	   (a)(f)(i) (r)(u)(l)
	Non-mots de quatre phonèmes: *saru, lafo*
	   (s)(a)(r)(u) (l)(a)(f)(o)
	Non-mots de six phonèmes: *favuli, rivalo*
	   (f)(a)(v)(u)(l)(i) (r)(i)(v)(a)(l)(o)

Non-mots avec des groupes consonantiques : *tri, tir, bra, arb*

(t)(r)(i)   (t)(i)(r)
(b)(r)(a)   (a)(r)(b)

Remarques
- Cet exercice s'adresse plus particulièrement aux enfants ayant appris le code orthographique ou étant en apprentissage de celui-ci et, plus particulièrement, aux enfants ayant des difficultés d'apprentissage de la lecture et de l'écriture.
- L'emploi de non-mots a l'avantage de diriger l'attention de l'enfant uniquement sur l'analyse des sons, tandis que l'emploi de mots fait en plus appel à la mémoire visuelle pour l'orthographe de certains d'entre eux.
- Cet exercice permet également de travailler l'ordre de succession des sons et des lettres et les groupes consonantiques, cette difficulté étant généralement éprouvée par plusieurs enfants dyslexiques.

Cercles de l'activité 3.8

La segmentation de phonèmes dans un non-mot

Non-mots de deux phonèmes

L'apprenti lecteur

La segmentation de phonèmes dans un non-mot

Non-mots de trois phonèmes

Cercles de l'activité 3.8

La segmentation de phonèmes dans un non-mot

Non-mots de quatre phonèmes

L'apprenti lecteur

Cercles de l'activité 3.8

La segmentation de phonèmes dans un non-mot

Non-mots de six phonèmes

LA CONSCIENCE PHONÉMIQUE

Activité 3.9

La fusion de phonèmes pour former un mot

Objectifs visés	• Fusion phonémique • Permettre à l'enfant de fusionner des phonèmes pour former un mot. • Permettre à l'enfant d'introduire ou de consolider la correspondance entre les phonèmes et les lettres.
Matériel	• La fiche de l'activité 3.9 (voir la page 135). • Les voyelles *a*, *i*, *o* et *u* (voir la page 15). • Les images représentant les consonnes *s*, *r* et *l* (voir la page 15).
Déroulement de l'activité	• Reproduisez la fiche de l'activité et les voyelles *a*, *i*, *o* et *u*. • Montrez les voyelles *a, i, o* et *u* à l'enfant. Articulez une première voyelle et montrez la lettre correspondante, tout en expliquant que le son de cette voyelle est représenté par une lettre. • Poursuivez de la même façon pour les autres voyelles. • Désignez ensuite l'image représentant la consonne *s*, soit l'image du serpent. Expliquez à l'enfant que le bruit que fait le serpent est le son *sssss*. • Poursuivez de la même façon avec les images de la langue (pour le son *lllll*) et de la voiture (pour le son *rrrrrr*). • Une fois que les lettres *a*, *i*, *o* et *u* et leurs phonèmes correspondants sont bien maîtrisés, utilisez la fiche de l'activité. • Désignez d'abord le premier cercle situé à gauche de la feuille tout en prononçant le phonème illustré dans ce cercle, puis faites de même pour le deuxième cercle. • Demandez à l'enfant de répéter ce que vous venez de faire, soit de prononcer les deux sons tout en prenant soin de n'articuler qu'un son par cercle désigné. • Répétez l'exercice en demandant cette fois à l'enfant de prononcer les deux sons en essayant de les coller ensemble. Demandez-lui ensuite de dire quel mot a été ainsi formé. • Une fois le mot trouvé, demandez à l'enfant de relier les deux cercles à l'illustration correspondante. • Poursuivez l'activité en introduisant une nouvelle consonne représentée par une image. Exemple

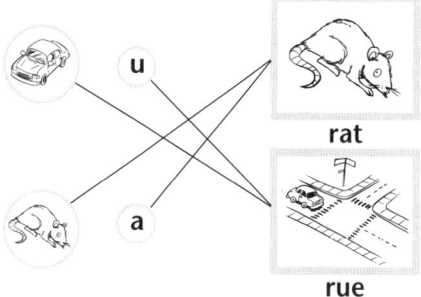

L'apprenti lecteur

Remarques	• Prenez soin de prolonger la prononciation de chaque phonème. • La maîtrise de la fusion phonémique constitue un préalable important à l'apprentissage de la lecture et de l'écriture. Il est donc nécessaire que l'enfant maîtrise cette habileté avant de poursuivre.
Liste des 10 mots illustrés	rue, riz, rat, or, scie, seau, os, as, lit, île
Liste des sons illustrés	un serpent pour le son de la lettre « s », une langue pour le son de la lettre « l », une voiture pour le son de la lettre « r »

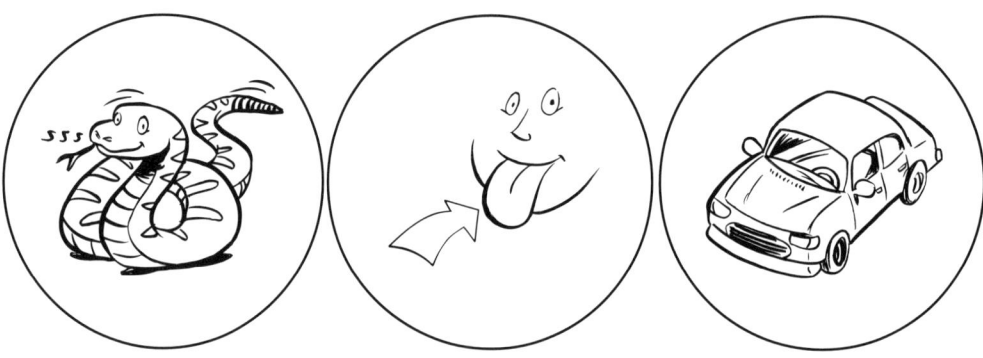

et les voyelles:

Fiche de l'activité 3.9

La fusion de phonèmes pour former un mot
Liste des sons des mots à prononcer pour l'enfant :

rue, riz, rat, or, scie, seau, os, as, lit, île

   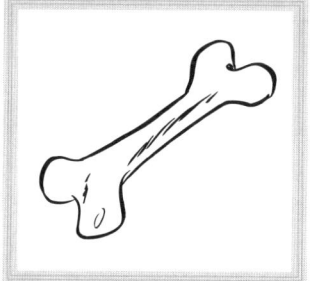

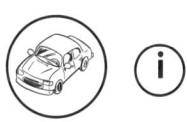  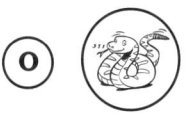 

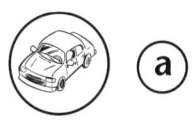   

  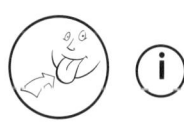 

L'apprenti lecteur

LA CONSCIENCE PHONÉMIQUE

Activité 3.10

Madame Mo

Objectif visé	• Localisation et segmentation phonémiques
Matériel	• Les fiches de l'activité 3.10 (voir les pages 138 à 145). • Des crayons.
Déroulement de l'activité	• Reproduisez les fiches de l'activité. • Avant de commencer l'activité, décrivez la mise en situation suivante : Présentez à l'enfant madame Mo, le drôle de mille-pattes ; expliquez-lui que madame Mo est tout à fait particulière pour les raisons suivantes : – La première, c'est que madame Mo se déplace d'une drôle de façon, précisément comme dans le sens de la lecture et de l'écriture (voir l'exemple, page 137). – La deuxième raison est que madame Mo ne se nourrit que de mots. Lorsqu'elle mange un mot, son corps grandit en fonction du nombre de syllabes qu'il y a dans le mot. Par exemple, si madame Mo mange le mot *cadeau*, son corps grandira pour atteindre deux cercles, le premier cercle (celui de gauche) correspondant à la syllabe *ca* et le second, à la syllabe *deau*. – Enfin, la troisième raison est que, dès que madame Mo mange un mot, elle a des bébés. Et le nombre de bébés est déterminé en fonction du nombre de sons que contient chaque syllabe du mot. Par exemple, lorsque madame Mo mange le mot *cadeau*, elle grossit de deux cercles et chacun de ces cercles contient deux bébés (deux sons). Cela fait donc un total de quatre bébés : *c a d eau*. • Montrez à l'enfant le premier mille-pattes de la fiche composée de mots de deux phonèmes. • Montrez-lui ensuite le premier cercle, celui qui se situe à gauche, et expliquez-lui que c'est dans ce cercle qu'il entendra le premier son du mot lorsque vous le prononcerez. • Faites de même pour le deuxième cercle, en expliquant cette fois à l'enfant qu'il s'agit de la fin du mot. C'est dans ce cercle qu'il entendra le dernier son du mot lorsque vous le prononcerez. • Nommez le premier mille-pattes en prenant soin de bien articuler chaque son. Lorsque vous prononcez le premier son du mot, indiquez avec votre doigt le premier cercle. Puis, lorsque vous prononcez le dernier son du mot, désignez le dernier cercle. • Demandez à l'enfant de refaire le même exercice jusqu'à ce qu'il le maîtrise. • Demandez ensuite à l'enfant de colorier le cercle où il entend le son cible. • Lorsque l'enfant aura maîtrisé la localisation avec des mots de deux phonèmes, poursuivez l'exercice avec la fiche illustrant des mots de trois et enfin de quatre phonèmes.

Exemple

i

Remarques	• Pour cette activité, il est important de prononcer les phonèmes qui composent les mots et non les lettres correspondant aux phonèmes. Par exemple, les phonèmes du mot *fée* sont *ffff-é* et non pas *èf-é*. • Cette activité permet de faire le lien entre la notion de syllabe et de phonème.
Liste des 15 mots illustrés qui sont composés de deux phonèmes	Phonème i : riz, scie, nid, lit, île Phonème ou : loup, pou, sous, fou, cou Phonème a : âne, chat, pas, bas, as
Liste des 15 mots illustrés qui sont composés de trois phonèmes	Phonème i : pipe, fil, vis, ville, épi Phonème ou : ours, four, coude, soupe, bouche Phonème a : ami, arc, sac, tasse, vache
Liste des 15 mots illustrés qui sont composés de quatre phonèmes	Phonème i : image, igloo, tapis, souris, tissu Phonème ou : ourson, couteau, mouton, outils, poulet Phonème a : savon, château, cadeau, arbre, lilas

Madame Mo

Fiche de l'activité 3.10

Localisation du phonème *i* dans le mot

i

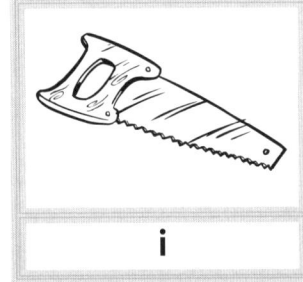

i

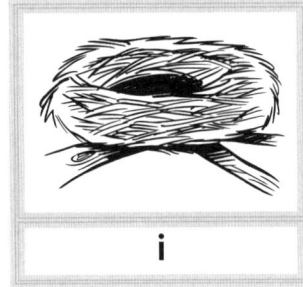

i

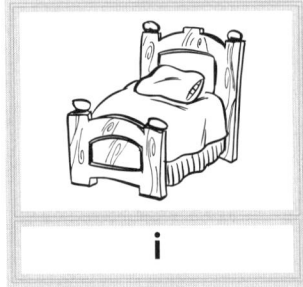

i

i

Madame Mo

Localisation du phonème *ou* dans le mot

ou

ou

ou

ou

ou

Fiche de l'activité 3.10

Madame Mo

Localisation du phonème *a* dans le mot

a

a

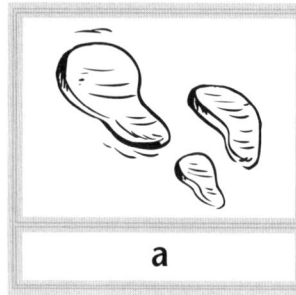

a

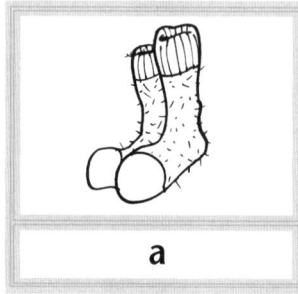

a

a

Fiche de l'activité 3.10

Madame Mo

Localisation du phonème *i* dans le mot

i

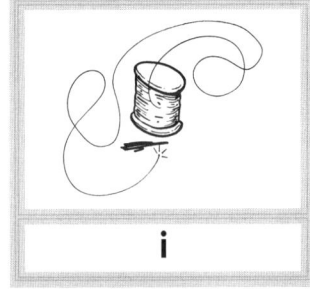
i

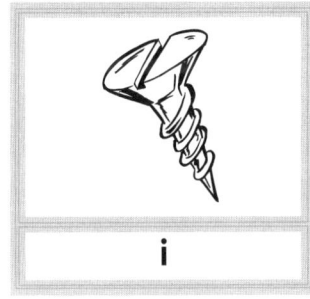
i

i

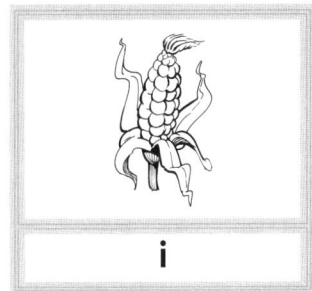
i

Madame Mo

Localisation du phonème *ou* dans le mot

ou

ou

ou

ou

ou

Fiche de l'activité 3.10

Madame Mo

Localisation du phonème *a* dans le mot

a

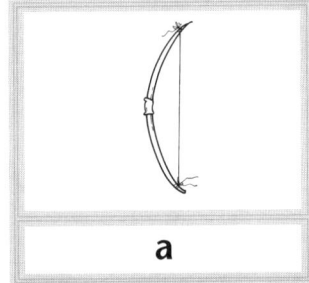
a

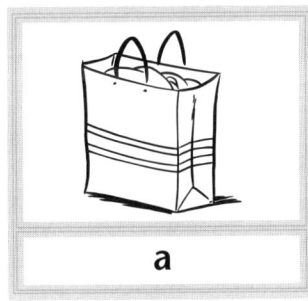
a

a

a

Fiche de l'activité 3.10

Madame Mo

Localisation du phonème *i* dans le mot

i

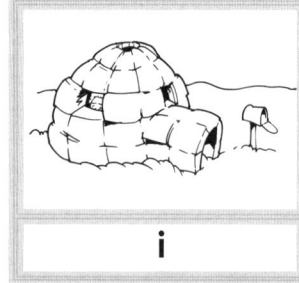
i

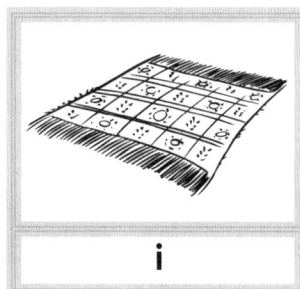
i

i

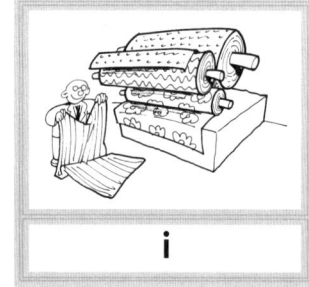
i

Fiche de l'activité 3.10

Madame Mo

Localisation du phonème *ou* dans le mot

ou

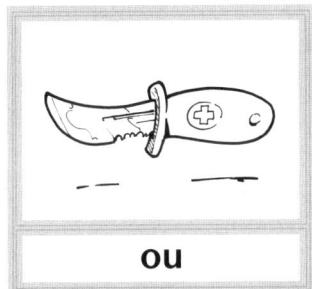
ou

ou

ou

ou

L'apprenti lecteur

Fiche de l'activité 3.10

Madame Mo

Localisation du phonème *a* dans le mot

a

a

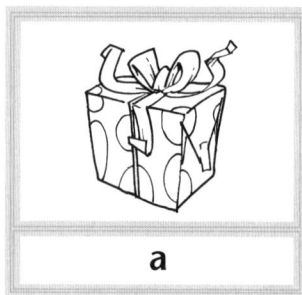
a

a

a

OUTIL PÉDAGOGIQUE

Chenelière/Didactique

Procurez-vous l'affiche *Madame Mo et ses bébés* pour seulement 4,95 $.

À titre de complément à votre enseignement en salle de classe, *Chenelière/Didactique* a conçu l'affiche *Madame Mo et ses bébés* axée sur des activités de localisation et de segmentation phonémiques. Cette affiche est accompagnée de suggestions d'exploitation qui permettent de maximiser son utilisation et de s'y référer tout au long de vos activités pédagogiques.

Pour commander ce matériel, au coût de 4,95 $ l'unité, veuillez remplir le bon de commande et le retourner à *Chenelière/McGraw-Hill* par courrier ou télécopieur.

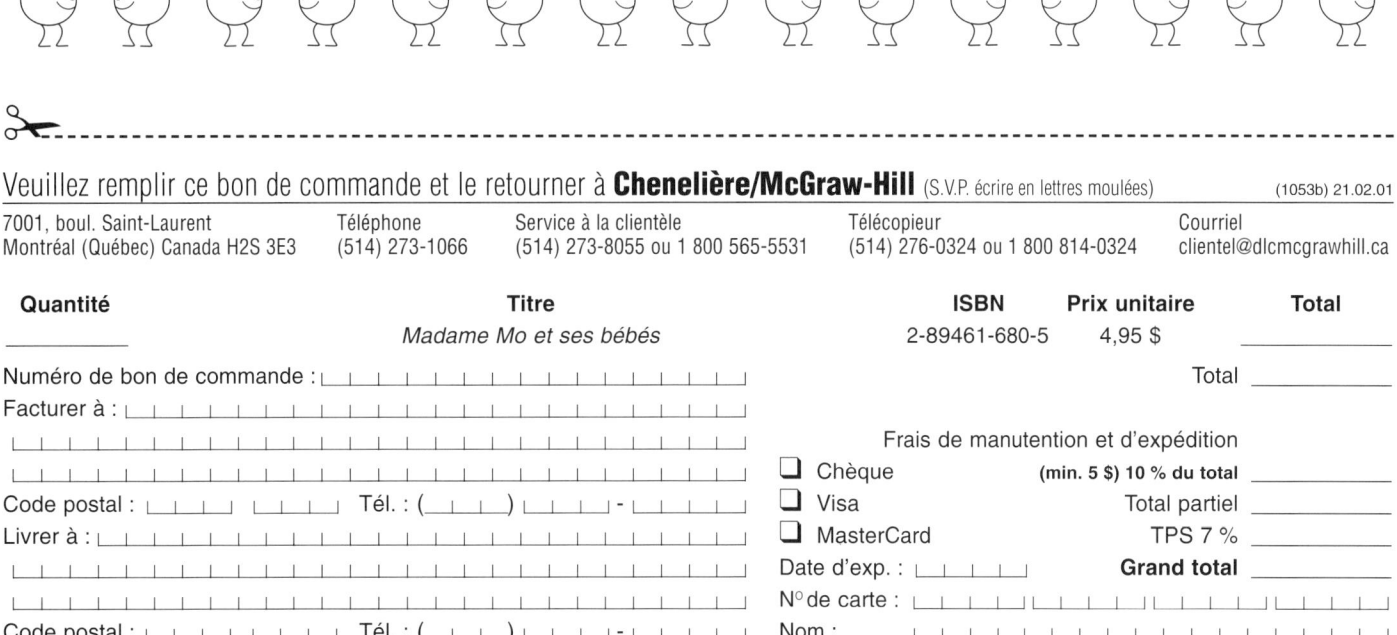